新しい時代の
生活指導

山本敏郎・藤井啓之・高橋英児・福田敦志[著]

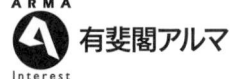

はしがき

　生活指導というと，多くの人は，服装，ヘアスタイル，アクセサリーを校則に従って管理すること，非行・問題行動を叱責したり，罰を与えたりすること，あるいは不登校や引きこもり対策のことだと考えているのではないでしょうか。

　本書で強調したいことの1つは，生活指導とはもともとこういう管理や取り締まりとは正反対の，子どもの自主性を尊重し，子どもの社会的な自立を支援する営みとして始まったということです。それがいつのまにか，生徒指導という言葉の登場とともに，子どもを学校生活に適応させる管理的な営みになってしまいました。

　そこで，本書は生活指導の原点は何かを確認することから始めました。その原点を一言でいうなら，子どもを生活者としてとらえるということです。政策用語では，子どものことを「幼児」「児童」「生徒」と分けて呼びますが，中学生になったら急に「生徒」になるわけではありません。あくまでも彼／彼女にとっては12歳の自分を生きる生活者です。12歳の生活者として「生活台」と向き合い，格闘し，自分自身をつくっているのです。その営みを指導，支援，援助することが生活指導なのです。

　子どもたちを，指導，支援，援助できるためには子どもたちがどのように生きているのかをつかまないといけません。その方法原理は「子どもの生活現実から出発する」ということです。とりわけ本書では，子どもたちが生きている生活世界はどうなっているか，とくにいじめ・暴力にどう苦しんでいるか，子どもたちが感じている生きづらさとはどういうものかという考察をもとに，子どもを理解

するとはどういうことなのかを提起しました。

さらに、生活指導の主要な実践方法である集団づくり、生活指導と学びとの関係、キャリア教育や進路指導、学校づくり等について、実践例を挙げながら解説しました。

ところで、本書を読まれる学生のみなさん、このテキストを講義や演習で使われる大学の先生方は、大学での学びについてどうお考えでしょうか。わたしたちが教えてきた学生は、「正解」を覚えるだけの授業、しかもそれが「正解」とも思えないのに「正解」だと強制するような授業がもっともつまらないと言います。難しくてすぐには理解できないけれども考えなければならないテーマが提示される授業、実際に考えることを求める授業がおもしろいと言います。そしてわたしたちは「大学に来てはじめて学ぶことが楽しいと思えた」という多くの学生たちと出会ってきました。

本書は、生活指導にかかわる「正解」を述べたものではありません。実践はそれをつくる人や見る人の立ち位置によって、つくり方や見え方は大きく異なります。問題行動を繰り返す子どもを叱ってきちんとさせることが教育だと考える人もいれば、「問題行動」には理由や背景があるからそれを理解することから始めようとする人もいます。落ち着きのない子どもを落ち着かせることが大事だと考える人もいれば、落ち着きのない行動をとおして何を訴えているのかをつかもうとする人もいるでしょう。

だからだれにでも納得できる「正解」はないのです。本書も生活指導にかかわる一定の立ち位置から、わたしたちなりに、今何を考えなければならないかを渾身の力を込めて提案したものです。考えてほしい点を各章の扉に First Question として掲げておきました。ぜひ考えてみていただきたいと思っています。

12の章立て以外にもとりあげるべきテーマはありますし，First Question以外にも問うべき課題はあります。その点は，巻末の参考文献を参照いただいたり，講義・演習でのディスカッションをとおしてそれぞれに深めていただきたいと思います。本書が読者諸氏の生活指導観の形成・再構築，実践の指針となれば幸いです。

　最後になりましたが，本書の刊行にあたって，有斐閣および編集担当者の中村さやかさんには大変お世話になりました。編集会議での中村さんの「これでは初学者には理解できないのではないでしょうか」というコメントに，相手にわかりやすく伝える工夫をする大切さを学ばされました。ここに記して，深く感謝申し上げます。

　2014年10月7日

執筆者を代表して　山本　敏郎

著者紹介

山本 敏郎（やまもと としろう）

- **執筆担当** 第 1, 2, 11, 12 章
- **現　職** 日本福祉大学教育・心理学部教授
- **主　著** 『生活指導』（分担執筆）学文社，2008 年。
  『学校と教室のポリティクス──新民主主義教育論』（共編）フォーラム・A，2004 年。
  『特別活動の基礎と展開』（分担執筆）コレール社，1999 年。

藤井 啓之（ふじい ひろゆき）

- **執筆担当** 第 3, 4, 9 章
- **現　職** 日本福祉大学教育・心理学部教授
- **主　著** 『学校と教室のポリティクス──新民主主義教育論』（分担執筆）フォーラム・A，2004 年。
  『2008 年版 学習指導要領を読む視点』（分担執筆）白澤社，2008 年。

高橋 英児（たかはし えいじ）

- **執筆担当** 第 6, 7, 10 章
- **現　職** 山梨大学大学院教育学研究科教授
- **主　著** 『PISA 後の教育をどうとらえるか──ドイツをとおしてみる』（分担執筆）八千代出版，2013 年。
  『"競争と抑圧"の教室を変える──子どもと共に生きる教師』（分担執筆）明治図書，2007 年。
  『学校と教室のポリティクス──新民主主義教育論』（分担執筆）フォーラム・A，2004 年。

福田 敦志（ふくだ あつし）

- **執筆担当** 第 5, 8 章
- **現　職** 広島大学大学院人間社会科学研究科准教授
- **主　著** 『学校と教室のポリティクス──新民主主義教育論』（分担執筆）フォーラム・A，2004 年。
  『「K の世界」を生きる』（共編）クリエイツかもがわ，2013 年。
  『新教師論──学校の現代的課題に挑む教師力とは何か』（分担執筆）ミネルヴァ書房，2014 年。

も く じ

第 I 部 生活指導とは何か——生活指導の理念と歴史

第1章 生活指導の原理　　3
生活と向かい合って育つ

1 生活指導とは何か……………………………………4
生活指導の原点　4　　生活指導と生徒指導　5

2 学校の教育課程と生活指導………………………6
生活指導論争　6　　機能概念としての学習指導と生活指導　7　　領域概念としての教科指導と生活指導　8　　学校教育の構造についての共通理解　9

3 子どもを生活者としてとらえる………………12
適応という教育観と子ども観への疑問　12　　子ども自身が〈自分の主人〉である　14　　子どもの「生活の全体」を把握する　14　　社会的実践主体へ育てる　16

4 「生活が指導する」ことと「生活を指導する」こと………17
生活からの呼びかけに応答する　17　　生活が指導する　18　　生活を指導する　20

5 社会的実践主体としての自立を支援する…………21
自立―発達―依存　21　　豊かな依存関係をつくる　22　　自由の獲得としての自立　23　　社会的実践主体としての自立と共同　24

第2章 生活指導の源流　27

1 生活指導の誕生 …………………………………28
生活指導の誕生の背景　28　　生活指導概念の2つの系譜　29

2 綴方教育における生活指導 …………………………30
自由主義的綴方教育への転換　30　　綴方教育における生活指導概念の誕生　31

3 大正自由教育における生活訓練的生活指導 …………32
手塚岸衛の自由主義的自治訓練論　32　　野村芳兵衛の生活指導論　33　　協働自治による生活訓練　35

4 生活綴方教育における生活指導の発展 ………………36
生活綴方教育における生活指導観の転換　36　　東北地方における生活綴方教育——北方教育　38

5 北方教育における「生活台」の思想と実践 …………39
「生活台」と向かい合う生活者を育てる　39　　「生活台」を生きる集団の組織化　41

第3章 生活指導の展開　47

生活指導の類型と今日の課題

1 ガイダンス——受容とその批判 ……………………48
ガイダンス論の背景　48　　アメリカにおけるガイダンス理論　49　　ガイダンス理論の日本への移入　50　　ガイダンス論への批判　51

2 生活綴方の復興から仲間づくりへ …………………52

戦後生活綴方の復興　52　　学級づくり論への展開　54

3 集団づくり論への転回 …………………………………………55
　　大西による『学級革命』批判　55　　集団づくりの基本原理
　　57　　「集団のちから」と「学級集団づくり」　58

4 生徒指導理論の展開 ……………………………………………60
　　『生徒指導の手びき』の基本原理　60　　『生徒指導提要』における適応主義の強化　62

5 生活指導における今日の課題 …………………………………63
　　毅然とした指導の流行　63　　学級集団づくりにおける困難
　　64　　子ども集団づくりへ　66

第4章　子どもの権利と生活指導　　　　　　　　　　69

権利行使主体を育てる

1 子ども観と子どもの発達課題 …………………………………70
　　子どもの発見　70　　子どもの発達課題　71

2 子どもの発達する権利と生活指導 ……………………………72
　　発達する権利の危機　72　　発達する自由を保障する　75

3 子どもの権利条約と生活指導 …………………………………77
　　権利行使主体としての子ども　77　　子どもの権利条約への
　　日本政府のスタンス　79　　子どもの権利委員会から日本政
　　府への勧告　80　　権利の保護対象か，権利行使主体か　81

4 子どもを権利行使主体に育てる生活指導実践 ………………83
　　権利行使の仕方を教える　83　　抑圧した自我を解放する
　　85　　学校をつくりかえる，子どもたちを社会参加にひらく
　　86

もくじ　vii

第Ⅱ部 子どもの生活現実から出発する

第5章 子どもを理解するとはどういうことか　93

1 「子どもを理解する」ことの難しさ……94
教師のなかで都合よく構成された子ども像　94　　教師のなかの「子ども理解」の枠組みへの固執　95　　適応を図るために「情報を収集する」という勘違い　96

2 相互行為としての「子ども理解」……97
教師も見られている　97　　仮説を立て実践をとおして修正する　98　　ヒト・モノ・コトとの関係から生活を把握する　100　　「私という教師」を理解させる　101　　「子ども理解」における身体の意味　103

3 働きかけながら「子どもを理解する」……104
――生活指導実践より

子どもの呼びかけに応答する　104　　教師が自分の弱さと対面する　106　　行為の意味と背景を子どもたちと共有する　107　　子どもに自分自身と対面させる　108

第6章 子どもの生活世界と生きづらさ　111
子どもの生活世界には今どのような問題があるか

1 「生きづらさ」の問題をどうとらえるか……112
身体化・行動化される子どもたちの「生きづらさ」　112
存在要求・発達要求の剥奪　112

2 人間らしく生きるための生活基盤を奪われる子どもたち …113

子どもの「荒れ」の背後にある経済的貧困　113　　子どもの貧困がもたらす「複合的剝奪」と「重層的傷つき」　115

3 「居場所」を奪われる子どもたち …………………………118

「見られていないかもしれない」不安　118　　子ども・若者の生活世界の変容と消費文化世界の浸透　118　　友だち関係の構築と「生きづらさ」　120

4 学校という場を問い直す …………………………………121

〈存在要求〉〈発達要求〉の実現を妨げる学校　121　　制度としての学校空間の問題　122　　学校における競争の問題　122　　社会的不平等を拡大・再生産する問題　123

5 子どもとともに「生きづらさ」を乗り越える…………124
―― 生活指導実践より

子どもの生活現実から出発する　124　　教師自身が自分の「生きづらさ」と向き合う　125　　内なる権力性と向かい合う　125

第7章　いじめ・暴力のなかの子どもたち　131

1 「いじめ」はどうとらえられてきたか ……………………132
―― 文部科学省の調査から

調査の仕方で変わる認知件数　132　　いじめの定義をめぐる議論が見落とすもの　133　　いじめは「心の問題」か？　134

2 いじめ・暴力行為の問題をどう読み解くか ……………135

構造的暴力という視点　135　　自尊感情の傷つきの表現，それを取り戻すための行為　137

3 「暴力」のなかの子どもたちの関係性 ……………138
垂直暴力と水平暴力 139　いじめの四層構造 140　加害者であると同時に被害者であること 140　「暴力」を支える「秩序」——集団が築いている暗黙のルール 141

4 「暴力」の内面化 ……………143

5 いじめ・暴力行為に取り組む生活指導の構想 ……………144
——生活指導実践より

子どもたちとともに生活現実を問う 144　「いじめ」「暴力行為」を乗り越える生活指導の視点 146

第8章　特別なニーズのある子どもたち　151

1 「特別なニーズ」の発見と生活指導の再考 ……………152
「特別なニーズ」のある子どもたちがいる風景 152　「特別な教育的ニーズ」の提起とインクルージョンの思想 153

2 「特別なニーズ」教育の政治性 ……………155
「特別なニーズ」をめぐる境界線 155　「特別なニーズ」教育に内在するパターナリズム 156

3 「特別なニーズ」教育と生活指導との接点 ……………158
「特別なニーズ」と子ども観の深化 158　「特別なニーズ」の生活指導へのインパクト 160

4 「特別なニーズ」に応答する生活指導実践 ……………160
「ちがい」のなかに「同じ」を見つける 160　「ルールづくり」をとおした「自由」の獲得 163　「ルールづくり」への参加と共同決定 164　「ともに生きる」場所を共同でつくりだす 165

第Ⅲ部　生活指導をどう進めるか

第9章　子ども集団づくりと生活指導　　171

1　学級を子どもの側からとらえ直す……………………172
　教師にとっての学級と子どもにとっての学級　172　　子ども
の自発性と教師のかかわり　173　　子どもの人間関係の重層
性　174　　子ども集団づくりと学級　176

2　生活指導の方法としての集団づくり……………………178
　指導の手がかりとしての班・核・討議づくり　178　　班・グ
ループの指導　179　　班長・リーダーの指導とフォロアーの
指導　182　　討議の指導　184

3　討議指導の手順………………………………………187
　学級の分析　188　　活動方針の討議　189　　実施と総括
190

第10章　学びと生活指導　　193

1　学習の無意味化………………………………………194
　「学校こそゲームじゃん！」　194　　学習への不安と恐怖
195

2　生活現実を再構成する「学び」への転換……………196
　「学習」から「学び」への転換　196　　教科における学びと
教科外における学び　197

3 教科学習における「学び」の試み………………………198

　生活から問いをたちあげる　198　　日常の世界と科学の世界の往還——わたりともどり　199　　生活者の視点から日常の世界をとらえ直す　202

4 教科学習を越えていく「学び」の試み……………………204

　子どもの生活現実と世界・社会の問題をつなげる　204　　子どもたちの関心や声から出発する　206

5 生活指導としての「学び」の特徴……………………………208

　「当事者性をたちあげる」学び　208　　コンフリクトをつかむ学び　209　　対話と参加にひらかれた学び　209　　関係と意味の組み換え——「出会い」と「出会い直し」　210　　生きていくための学力の追求　211

第11章　進路指導・キャリア教育と生活指導　215

1 キャリア教育の登場…………………………………………216

2 キャリア教育の構造…………………………………………217

　キャリア発達を促すためのキャリア教育　217　　教育課程を再編する視点としてのキャリア教育　220　　キャリア教育と進路指導・職業教育　222

3 雇用環境の変容のなかでの進路指導の行き詰まり………223

　「働く意欲のない若者」が問題なのか？　223　　非正規雇用の広がり　225

4 働くことを権利として学ぶ…………………………………227

　権利としてのキャリア教育の構想　227　　働く者の権利の学習　228　　働くことをとおして世の中を学ぶ　229　　働く人びとを学ぶ　231

第12章　学校づくりと生活指導　　235

1 学校づくりとは何か……………………………………236
子ども・教職員・保護者の権利としての学校づくり　236
権利としての学校づくりへの出発——戦後初期の学校づくりの理念　237

2 学校の管理・経営における校長権限の強化……………238
学校の管理・経営における校長の指揮監督権　238　施設利用者としての子ども　240　学校経営への子どもの協力参加　240

3 学校づくり政策の現在……………………………………243
消費者ニーズ対応型学校　243　地域との連携——学校評議員，学校運営協議会　245　学校づくりを共同で担うパートナー　246

4 学校づくりへの子どもの参加……………………………247
自治をとおしての参加　247　子どもの必要と要求でつくられる児童会　249

5 学校づくりへの保護者の参加……………………………250
保護者の参加から始まる学校再生　250　教職員，子ども，保護者による三者自治　252

巻末資料……………………………………………………………257
　図A　戦前の生活指導の系譜　257
　図B　戦後生活指導の四類型　258

学習文献案内………………………………………………………259
事項索引……………………………………………………………263
人名索引……………………………………………………………268

一覧

① 三浦綾子『銃口』(初版,小学館,1994年)を読む……………………44
② 石川達三『人間の壁』(新潮社,1961年)を読む ………………………67
③ 子どもを複眼的にとらえる ………………………………………………87
④ ある事件から──子ども・若者がかかえる不安 ………………………127
⑤ 暴力行為・いじめは増えているのか? …………………………………148
⑥ 特別な教育的ニーズ ………………………………………………………167
⑦ Q-Uテストで学級を把握? ………………………………………………190
⑧ 希望としての学び──もう1つの学びのイメージ……………………212
⑨ 非正規雇用はなぜ広がったのか …………………………………………232
⑩ 学校における管理・経営過程と教育・発達過程 ………………………253

本書のコピー,スキャン,デジタル化等の無断複製は著作権法上での例外を除き禁じられています。本書を代行業者等の第三者に依頼してスキャンやデジタル化することは,たとえ個人や家庭内での利用でも著作権法違反です。

第 I 部

生活指導とは何か
生活指導の理念と歴史

chapter

第1章 生活指導の原理
第2章 生活指導の源流
第3章 生活指導の展開
第4章 子どもの権利と生活指導

I

II

III

第1章 生活指導の原理

生活と向かい合って育つ

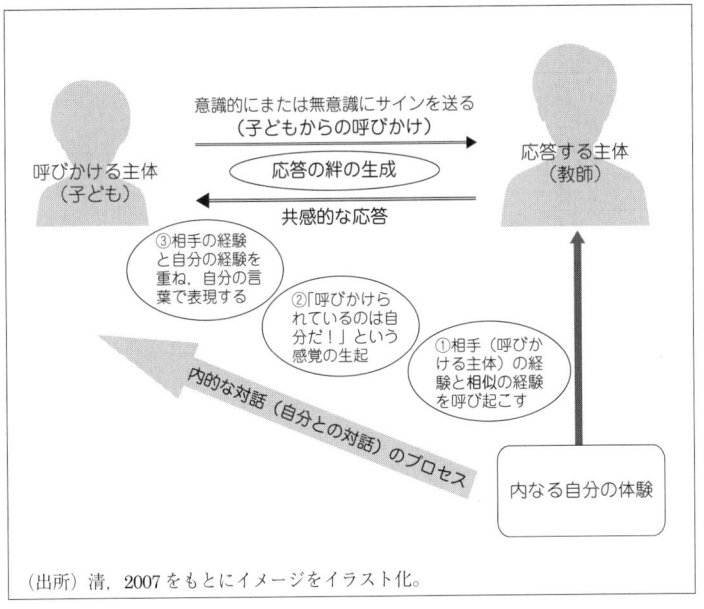

(出所) 清, 2007をもとにイメージをイラスト化。

First Question

① 子どもを生活者ととらえることにどんな意味があるだろうか。
② 「生活を指導」することと「生活が指導」することにはどういう関係があるだろうか。
③ 子どもが社会的実践主体へと自立するとはどういうことだろうか。「一人でできる」という自立観と比べて考えてみよう。

1 生活指導とは何か

生活指導の原点

生活指導という言葉から連想されるのは、服装、ヘアスタイル、アクセサリー、持ち物等の検査、遅刻、校門指導、不道徳な行為をした者への叱責、罰、懲戒、いじめや不登校への対応などであろう。たしかに生活指導においてはこれらは重要な実践課題であるが、子どもを取り締まったり、学校に適応させることが生活指導の目的ではない。

詳細は第2章で述べるが、生活指導は大正デモクラシーを社会的・思想的な背景としながら、教育の国家統制に抗して、子どもたちに地域・学校・家庭にまたがる生活や自己の生き方を見つめさせ、生活をつくりかえるための生活意欲、生活知性、生活技術、連帯する力や組織的な行動力を育てる教育実践として登場し発展してきた。

戦後は、1940年代後半から60年代にかけてさまざまな生活指導論が登場する。①日常生活の仕方や態度の指導を生活指導とする考え方、②アメリカから輸入された**ガイダンス**理論に依拠して子どもたちの社会的適応を図ろうとする考え方、これらを批判し、③実生活を見つめさせてそれを綴方に書かせ、学級で討論し、疑問が出れば調べながらどうすればいいかを考えさせていく**生活綴方**、および生活綴方をもとに、学級のなかになんでも言える雰囲気をつくることから始めて仲間意識を確立しようとした**仲間づくり**、④学級集団や児童会・生徒会を**自治集団**として組織する**集団づくり**、などである。

そして、後に紹介するように、生活指導を**教科外**領域に固有の指

導目的・内容・方法を備えた**領域概念**と考えるか，**教科領域でも働く機能概念**と考えるかという**生活指導論争**が，こうしたさまざまな生活指導実践の探究のなかで行われた。

生活指導と生徒指導

このように生活指導についてさまざまな考え方があるなか，**文部省は 1965 年『生徒指導の手びき』**を刊行し，**生徒指導**という用語を用いる理由を次のように記した。

> 「生徒指導」に類似した用語に「生活指導」という言葉があり，この 2 つは，その内容として考えられているものがかなり近い場合があるが，「生活指導」という用語は現在かなり多義に使われているので，本書では「生徒指導」とした。　　（文部省，1965，7 頁）

2010 年に改訂された**『生徒指導提要』**でも，「生活指導」が多義的であるという理由から，「生徒指導」という用語に統一するとされている。つまり生徒指導という用語を用いる理由は生活指導という用語のもつ「多義性」を排するためだということがわかる。

こうして 1965 年以降は，学校では生活指導という用語が用いられなくなり，教育行政の上では生徒指導という用語で統一されることとなった。その後の生徒指導は，上記の①②の系譜を引き継いで，1970 年代から 80 年代にかけては非行・問題行動対策として行われ，90 年代からは，不登校問題などにたいするカウンセリングを中心とする心のケアを強調し，近年では「毅然とした指導」によって「対処」する「ゼロトレランス」を導入し，規律の維持と規範意識の醸成を図ろうとしている。この経過のなかで，生活指導は，服装，ヘアスタイル，アクセサリー，持ち物等の検査，遅刻，校門指導，

不道徳な行為をした者への叱責，罰，懲戒というような管理主義の代名詞と誤解されてきたが，これらは生活指導とは原理を異にする生徒指導というべきものである。

その一方で，③④の系譜に位置づけられる生活指導実践も脈々と受け継がれている。たとえば，日記を綴ったり，対話・討論をとおして解決が求められる生活上の課題についての認識を深め，その課題を共同で解決しようとする実践，学校生活にかかわるさまざまな要求を組織化し実現する実践，教科の学習を生き方に結びつけていく実践や，こうした活動をともに担い，分かち合う仲間や集団をつくっていく実践などである。

以下では，日本の教師たちが管理主義教育に抗してつくりあげ受け継いできた生活指導の諸原則について解説していく。

2 学校の教育課程と生活指導

生活指導論争　　一般に，学校における教育計画を定めた**教育課程**は，国語，社会，算数，理科などの教科の領域と，学校行事，児童会・生徒会活動，クラブ活動，学級活動などの教科外の領域から編成されている。国が定めた教育課程である学習指導要領では，教科領域に各教科の授業，教科外領域に特別活動，道徳（小中学校のみ，2017年から「特別の教科 道徳」），総合的な学習の時間，外国語活動（小学校のみ）が配置されている。

先に紹介したさまざまな生活指導実践が探究されるなかで，1950年代後半には，生活指導は教科外領域における教育の目的・内容・方法を示す概念なのか（領域概念），それとも教科・教科外のいずれ

の領域においても機能する機能概念なのかという生活指導論争が繰り広げられた。

この論争は、生活指導とは何かにとどまらず、学校教育の構造についての共通認識をつくった論争であるので、以下、そのエッセンスにふれておこう。

機能概念としての学習指導と生活指導

1950年代半ばには、教師たちの自主的な研究集会で、足の不自由な子どもに対するいじめやからかいがやまない学級において、社会科の時間に、戦争でからだに障害をかかえることになってしまった元兵士の話をとりあげて、学級でのいじめやからかいがなくなっていったというような実践が報告され広がっていた。こうした気運のなかで、宮坂哲文が「**教科における生活指導**」に論及したことから、生活指導論争が始まった。

> 生活指導とは、ひとくちにいって、生きかたについての指導だといってよいであろう。子どもたちひとりびとりに、いかに生きるかの生きかたを、学びとらせていくことだといえよう。
>
> (宮坂, 1956, 13頁)

> 教室で教科の授業がはじまったとたんに、個人的主観的なものをいっさいふりきって、みな一様な「よい子」になって学習にはいるというものではない。ひとりびとりがのっぴきならない個人的事情をかかえたままで、教科の学習のなかにもはいっているわけである。この事実の確認に立ち、かれらの個人的な生活現実とかかわりをもたせ、それへの深い配慮において学習を進めていくところに、教科における生活指導が生れる。
>
> (宮坂, 1956, 16頁)

このように、生き方の指導としての生活指導は教科・教科外のい

ずれの領域においても行われること,子どもたちは授業に「個人的事情」をもちこむがゆえに,教科においても「個人的事情」と深く結びついた生き方を扱わざるをえないという理由から,宮坂は,「生活指導は学校教育の領域をあらわす概念ではなく,機能ないし作用をあらわす概念だ」(宮坂,1958)と述べて,生活指導は**学習指導**とならぶ機能概念だと主張した。

ここを出発点として宮坂は,生活指導を「一人一人の子どもの個性を理解して,一人一人に即してその個性ないし人間性の社会的実現を援助していくしごと」であり,「教科と教科外を問わず,いずれの領域においても,およそ教師と子どもが接触するかぎりのすべての場において行われうる教育上のいとなみ」と述べるとともに,次のように述べ,生活指導と学習指導の機能的統一として学校教育を構想したのである。

> 教材研究がそこで要求される学習指導のしごとと,児童研究がそこで要求される生活指導のしごとが,一人の子どもをめぐって統合的に進められるときに,はじめて学校教育はことばのもっとも正しい意味での教育にまでたかまるということができよう。
>
> (宮坂,1958,34頁)

領域概念としての教科指導と生活指導

これにたいして,生活指導は領域概念だと反論したのが**小川太郎**である。

> 「生活指導」ということばは,もともと,「教科指導」に対して言われていることばで,その時間的・場所的な領域をもっているいわば領域概念である。
>
> (小川ほか,1957,85頁)

小川によると，**教科指導**と生活指導には本質的な違いがある。

> 教科指導は，……人類が過去になしとげてきた業績・遺産，それをただしくまちがいなく，同時に意識的に子どもに伝えていく，こういう仕事を受け持つ領域……。
> 教科指導の方は，認識と技能というものを系統的・体系的・組織的に伝えていく独自な任務をもっている。　　　（小川，1958，18頁）

そして，日常の問題から出発して問題を解決しながら生き方を指導する生活指導の方法を教科のなかにもちこめば，人類の遺産を系統的に伝達するという「教科固有の任務」が破壊されると同時に，教科指導の方法を教科外（生活指導）にもちこもうとすれば，生活指導が形式化すると主張した。こうして，小川は教科指導の目的を人類の遺産を系統的に伝えること，生活指導の目的を，学校・学級の行事，クラブ，児童会・生徒会活動などの教科外活動をとおして人格を教育すること，と区別したのである。

> 学校教育の構造についての共通理解

論争はどちらかというと，領域説を主張する小川優位のうちに進んでいく。というのは，当時は，生活カリキュラムや問題解決学習から，学問カリキュラムや系統学習への転換が図られ，教科領域に固有の目的・内容・方法をもつ教科指導のあり方に関心が寄せられていたが，これとあいまって，教科外領域においても，教科外領域に固有の目的・内容・方法をもつ生活指導のあり方が探究されていたからである。こうしてまず，2つの教育領域の固有性が確認された。

そして，教科外領域において，学校行事，児童会・生徒会活動，

クラブ活動,学級活動の指導や,いじめ,暴力,非行,問題行動等への対応,学業・進路・適性にかかわる相談などをとおして,生活を自分たちの必要と要求に従って自主的・共同的に管理したり,創造する力を育てたり,他者と自己,集団と自己,社会と自己,自分自身との関係のあり方を考えさせていく指導が生活指導と呼ばれるようになった。

小川優位であるからといって,宮坂の機能説が全面的に排除されたわけではない。文学作品や歴史的・社会的な事象を学ぶさいには,たんに文学の読み方に習熟したり,歴史的・社会的な知識が習得されるだけではなく,それをとおして学び手の価値観や立場性,つまり生き方が問われてくることは間違いない。小川は教育には「認識と技能の教育の側面」と「人格の教育の側面」との2つの側面が統一されていると主張していたが,論争のなかで,小川の言う「認識と技能の教育の側面」と「人格の教育の側面」は,宮坂の言う「機能としての学習指導」と「機能としての生活指導」にほぼ対応するものだと整理されていった。こうして,教育には2つの教育機能や側面があることが明らかにされた。

さらに,この2つの教育機能や側面については,当時導入されつつあったドイツ教授学の基本概念を用いて,「機能としての学習指導」や「認識と技能の教育の側面」には**陶冶**(Bildung：知識,技能,思考力等の形成に働く教育作用)という概念があてられ,「機能としての生活指導」や「人格の教育の側面」には**訓育**(Erziehung：意欲,感情,価値観等の形成に働く教育作用)という概念があてられるようになった。こうした理論的な整理を経て,教科における生活指導は,授業における訓育と呼ばれるようになっていく。

こうした論争の結果,共通に確認されるようになったのが,図

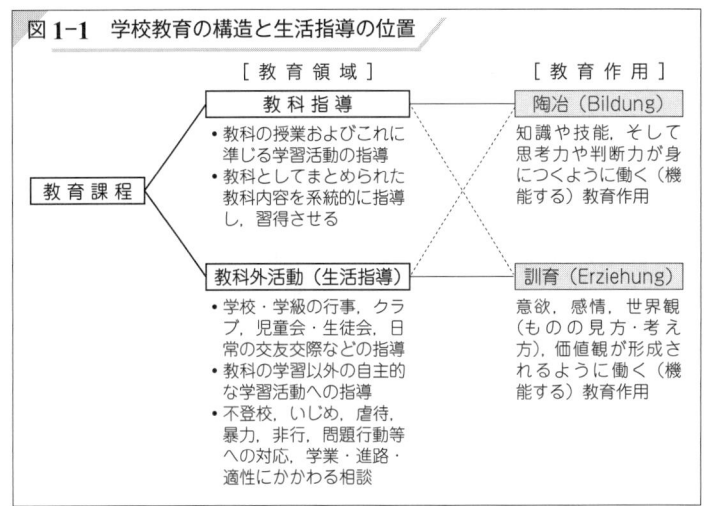

図1-1 学校教育の構造と生活指導の位置

1-1に示したような学校教育の構造である。

　たしかに、学校教育の構造については共通理解が図られた。しかし、生活指導の本質理解については、小川と宮坂ではさいごまで異なっていた。後に述べるように、小川は生活者としての子どもを**社会的実践主体**に育てるための教育領域として、教科外活動の領域を必要とするという構想をもっていたが、宮坂は生活指導は生き方の学習であって社会的実践主体を育てるという構想はもたなかった。

　近年では、機能論と領域論との本質的な差異の再検討が始まっている。その一環として、教科指導実践は、子どもたちにできあいの知識・技能を習得させるにとどまらず、それをも批判的な検討の対象とし、世界の見方を変えていくことまでを視野に入れた実践が試みられているが、この点からも再び教科における生活指導という考え方が注目されている。

3 子どもを生活者としてとらえる

適応という教育観と子ども観への疑問

教育界では，子どもが不登校に陥ったり，いじめ，虐待，暴力，非行などの「問題行動」を起こしたとき，それを学校への不適応と見る傾向が強い。

適応というのは，生物においては，生物が生命を維持するために環境（自然環境）に合わせて自分を変えていくことである。適応は生存に必要な条件である。生物としての人間も自然環境というシステムに合わせて呼吸器・循環器・消化器等をつくってきた。この適応を社会的存在としての人間に転用すると，人間が生活を営むために環境（社会環境）に合わせて自分を変えていくという意味になる。職場や学校が変わって，起床時刻や通勤・通学手段が変われば，生活の仕方を変えなければならない。つまり慣れないといけない。いずれにおいても，人間の側が変わり環境の側は変わらないことが適応概念の特徴である。

しかし，教育界では，不登校に陥った子どもや発達障害をかかえた子どもが「学校に適応できていない」という場合，学校の規範・ルール，学校というシステムに従うことができないという意味で不適応という言葉を用いることが多い。そして，学校というシステムに問題があるというよりも，コントロールできない子どもの側に問題があるという前提で不適応という言葉が使われる。生徒指導においてはこういう意味で適応―不適応という言葉が使われる。そして，原因は学校というシステムにではなく，子ども（の心）に帰せられ，

カウンセリングや「心のケア」で子ども（の心）に介入しようとする。

これにたいして，生活指導研究においては，子どもたちの「問題行動」を不適応と呼ばずに**学校適応過剰**ととらえてきた（竹内，1987）。校則や教師の指導はそれが合理的であるかどうかにかかわらず必ず守らなくてはならないという「指導」が繰り返され，校則や教師の指導は守るのが当たり前というシステムがつくられた結果，教師の注意や叱責がなくても，学校や教師が求めるであろう基準を自ら先取りして内面化してこれに進んで従おうとするけれども，そのあまりの不合理さに従うことができなくなることを学校適応過剰という。さらにいえば，従う必要がない（かもしれない）のに，従うことを強制され，従わなくてはならないという強迫的な精神状態に追い込まれている状態が学校適応過剰である。

学校が学校的秩序への適応を求めるのは，子どもを学校用の「児童・生徒」，すなわち教育されるべき被教育者と見ているからである。そしてそこには，子どもは教師に従わなければならない，子どもは未熟だから成熟した大人のいうことを聞くのは当たり前，子どもは大人によって愛され保護されているのだからその期待に応えなければならないという「権力的関係としての〈教育〉的関係」（池谷，2000）が前提されているのである。

生活指導は生徒指導と違って適応できない子ども（の心）を問題にするのではなく，服従（適応）を強制する学校というシステムやその土台にある社会システムを問題にする。そして子どもを学校というシステムに適応する「児童・生徒」ではなくて，自ら生活をつくっていく「**生活者**」ととらえる。以下では，生活者としての子どものとらえ方について述べていく。

子ども自身が〈自分の主人〉である

子どもを被教育者ととらえる前に，生活者としてとらえるという子ども観の原点の1つが**マカレンコ**（A. C. Макаренко）の次の一節である。

> わたしたちは，個々の個人に自分は教育の対象であると感じさせたくなかったのです。……わたしたちにとっては，かれは教育の対象であります。しかし，かれ自身にとっては，かれは生きた人間であります。そこで，きみは人間ではなくて，できかけの人間にすぎないとか，きみは教育現象なのであって，生活現象ではないのだ，とかいって，かれを説得することは，わたしにとっては不利なことであったでしょう。　　　　　　　　　（マカレンコ，1965，157頁）

子どもに自分は「人間であると感じるようにさせる」必要があるとマカレンコが言うように，子どもたちに自分の主人公は自分自身であると感じさせるのが教育の仕事である。だから，生活指導では子どもに「児童・生徒」として校則やルールや教師の指導に黙って従うことを求めない。これらが自分や仲間にとって必要なことか，従うことが合理的なのか，適当にやりすごすほうがいいのか，正当な手続きに従って変えようするのか，それを決めるのは子どもたちだと考える。子ども自身が〈自分の主人〉だからである。これが子どもが生活者であるという場合の第1の意味である。

子どもの「生活の全体」を把握する

家庭では家庭用の子ども，地域では地域用の子ども，学校では学校用の児童・生徒，授業時間は授業用の学習者というように，子どもの生活を時間や場所によって区別できないことはない。しか

し，子どもは家庭，地域，学校で，あるいは授業時間とそれ以外の時間で別の人間になるわけではない。また家庭で育った力，地域で育った力，学校で育った力を合算すれば，その子どものもつ能力となるわけではない。

> 子どもたちは，ちょうど，かれらが学校の門をくぐったとたんに，家庭や地域の生活のなかでの喜怒哀楽からきりはなされて，まったく別な，いわば学校向きの心的体制にはやがわりするわけのものでない……教室で教科の授業がはじまったとたんに，個人的主観的なものをいっさいふりきって，みな一様な「よい子」になって学習にはいるというものではない。ひとりびとりがのっぴきならない個人的事情をかかえたままで，教科の学習のなかにもはいっているわけである。
> (宮坂，1956，16頁)

　宮坂が「喜怒哀楽」と言ったように，前日に嬉しいことや楽しいことがあったならば，翌日は晴れ晴れとした気持ちで学校に来るだろうし，叱られたりすると暗い気持ちで学校に来るだろう。子どもたちは，校門をはいるときに学校用の「児童・生徒」になるわけではないのである。また，この時代を生きるために地域や家庭で身につけたものの見方，感じ方，考え方をそのまま学校にもちこんで来る。そしてそれらが授業における知識や技能の習得や教科外活動を，容易にすることもあれば妨げる力になることもある。

　このように，生活指導実践においては，時間や場所を単位に子どもや子どもの生活を分割するのではなくて，子どもたちが向かい合っている「生活の全体」(城丸，1985)を把握する。日本の生活指導教師たちはこれを，「**子どもをまるごととらえる**」と言い継いできたのである。これが子どもを生活者というときの第2の意味である。

社会的実践主体へ育てる

生活のなかにはさまざまな力が働いていてぶつかり合っている。教室には学級の管理者として教師が存在している。子どもたちのなかには教師の指導や管理を積極的に受け入れて従う者，受け入れがたいが従ったふりをする者，是々非々のスタンスをとる者，拒否する者などがいる。子どもたちの世界においても，学級という社会のなかに一定の影響力と勢力をもっている者，その力の支配下にある者，その支配のなかで肩身の狭い思いをしている者，その支配に対抗しようとする者，その支配に一定の距離を置く者，その支配を快く思わない者などに分かれている。あるいは，趣味，階層，クラブ，塾，居住地，性別などによっていくつかのグループに分かれていたりする。

子どもたちはこうした社会的勢力間の対立・抗争やグループ間の牽制・反目のなかで学級生活を送っており，子どもたちの行動はその対立・抗争，牽制・反目関係に制約されている。こういう社会的諸力の対立・抗争やグループ間の牽制・反目のなかに割ってはいり，この関係性をつくりかえようとする者を社会的実践主体と呼び，子どもたちを社会的実践主体に育てることを生活指導は重視してきた。この点が既存の社会的規範をそのまま内面化させてこれに適応させようとする生徒指導との大きな違いである。

4 「生活が指導する」ことと「生活を指導する」こと

> 生活からの呼びかけに
> 応答する

このように，生活指導とは子どもを生活者としてとらえ，社会的実践主体に育てる教育実践である。ただし，社会的実践主体に育てるというのは，教師が理想とする社会的実践主体を思い描いて，それに近づけるように指導することではない。「生活者としての子ども」という子ども観にあっては，子ども自身が〈自分の主人〉なのであるから，まず，子どもが生活とどう向き合い，そのなかでどういうものの見方，考え方，感じ方を獲得しているかに目を向けなければならない。

ところで，生活はそのなかにあるさまざまな課題の解決をわたしたちに求めている。グローバルな視野で見てみると，戦争，開発，環境，民族，貧困，暴力，人権，雇用，震災，原発など，生活や社会を崩壊させかねない出来事や事件が，その問題の解決をわれわれに呼びかけている。また，これらの出来事や事件の被災者，被曝者，戦争や公害の被害者，障害者，失業者をはじめ，**生きづらさ**をかかえている人たちが，ともに問題解決にあたることをわれわれに呼びかけている。

子どもたちの生活世界においても同じである。いじめ，迫害，排除，嘲笑が常態化した子どもたちの生活世界は，これらの問題解決を子どもたちに呼びかけている。これらの問題の当事者たちも，加害者であるか被害者であるかを問わず，他者に援助を求めている。生活者は，このように生活から常に呼びかけられ，生活からの呼び

かけに何らかの応答を求められている存在である。**呼びかけ**（call）と**応答**（response）については**高橋哲哉**が次のように述べている。

> 英語の「責任」にあたる言葉、responsibility という言葉は、……他者からの呼びかけ、あるいは訴え、アピールがあったときに、それに応答する態勢にあることを意味する……。
> 人間はそもそも responsible な存在、他者の呼びかけに応答しうる存在である……。
> 　　　　　　　　　　　　　　　　　　　　（高橋，2005，30-32頁）

　生活者には生活からの呼びかけに応答して、何らかの意思表明をすることや態度決定が求められる。しかし、応答の仕方はさまざまである。他人事として傍観者になることもできるし、自分にもかかわりのある問題として自分のなかに**当事者性**を立ち上げることもできる。傍観者には傍観者の、当事者性を立ち上げた人には当事者としての、生活にたいする自身の態度やものの見方・考え方が形成される（山本ほか，2014）。生活からの呼びかけにたいする応答のなかで人格が形成されるといってもよいだろう。

生活が指導する

　呼びかけと応答の関係をふまえると、生活は、そのなかにあるさまざまな課題の解決を生活者に求めるという方法で、生活者を指導するのである。以下の文章を見てみよう。

> 生活指導というのは、だれかがある思いつきで、だれかの生活・生き方を指導するものとして生ずるのではない。生活指導というものは、まずは、生活が人の生き方を指導するものとしてはじまるのである。生活そのものを切り開いている生活から、自立するために連帯し、連帯しつつ自立していくという住民・市民としての生き方

> が生まれてくるのである。その意味では，生活そのものが人間の生き方を指導して，そこに生活を変革する主体をつくりだしてくるのである。
> (竹内，1986，115頁)

「生活そのものを切り開いている生活から，……生き方が生まれてくる」というフレーズに着目すると，生活が一方的に生活者を指導するのではなくて，生活を切り開こうとしている社会的実践主体が生活から指導されるということがわかる。生活指導運動において，「人間は環境を変更することによって自己自身を変更する」とか，「働きかけるものが働きかけられる」といわれてきたことでもある（全生研常任委員会，1971）。

換言すると，今ある生活をつくりかえようとしないときには，生活からの呼びかけは聞こえていない。今ある生活をつくりかえようとするときに生活からの呼びかけが聞こえてきて，呼びかけられているのが自分ではないのかという感覚が生起する。自分のなかに生起した「呼びかけられているのは自分だ」という感覚に従って，今の生活のなかにどういう問題があり，どのように解決しなければならないかを考え，実際に行動を起こす。その結果，生活者の生活にたいする認識，生活の仕方，他者との関係が変化するのである。このように，呼びかけと応答のなかで，人びとは自分自身を呼びかけに応答できる主体，生活を認識し創造する社会的実践主体につくりあげていくのである。つまり生活指導においては，だれかが生活を指導する前に，生活者を**生活が指導する**ことが先行すると考えられてきたのである。

生活を指導する

生活からの呼びかけに応答することはたやすいことではない。呼びかけられたことに気がつかないこともあるし，応答することを避けたり，どう応答すればいいかわからないでいることも多い。

生活指導の専門家としての教師の仕事は，生活からの呼びかけを子どもとともに受けとめ，どう応答すればよいのかをともに考えていくことである。判断に迷っていたり，何をすればいいかわからないでいる子どもの話に耳を傾けたり，決断を支持したり励ましたりする，問題解決や要求実現にかかわる見とおしを与えたり，行動を促したりする。

だから教師は，子どもたちが生活のなかで何を考え，何を感じているのか，どう見ているのか，だれとどのような関係を結んでいるのかに関心を寄せながら，子どもたちが生活をどのようにしたいと考えているのかを注意深く聴き取ることから始めなければならない。そして子どもたちとの対話を通じて，子どもたち自身が生活と自己との関係を意識化し，**生活現実**をつくりかえようとする意欲や感情，生活現実をつくりかえるために必要な知識・技能，ものの見方・考え方，行動の仕方，他者とのかかわり方，集団の組織方法などを身につけることができるように援助していくのである。これが「**生活を指導する**」という側面である。

こういう意味での生活指導に携わっている専門職には，教師以外にも保育士，法務教官，弁護士，看護師，保健師，社会福祉士，ソーシャルワーカー，カウンセラーなどがいる。これらの職業に共通する仕事として生活指導を定義するならば，生活指導とは，人びとが生活からの呼びかけに応答しながら，自分自身の生き方（ものの見方，考え方，感じ方，働き方，学び方）やそれを規定している生活を

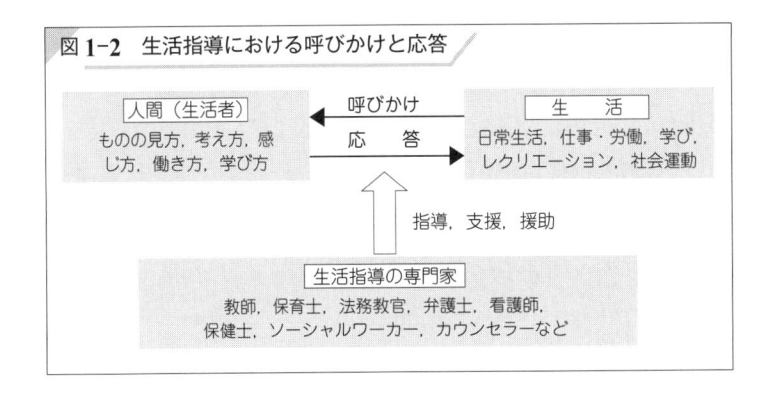

図1-2　生活指導における呼びかけと応答

```
┌─────────────────────┐   呼びかけ   ┌─────────────────────┐
│  人間（生活者）      │ ←────────  │    生　活           │
│ ものの見方，考え方，感│   応　答    │ 日常生活，仕事・労働，学び，│
│ じ方，働き方，学び方  │ ────────→ │ レクリエーション，社会運動│
└─────────────────────┘             └─────────────────────┘
                              ↑  指導，支援，援助
                    ┌─────────────────────┐
                    │  生活指導の専門家    │
                    │ 教師，保育士，法務教官，弁護士，看護師，│
                    │ 保健士，ソーシャルワーカー，カウンセラーなど│
                    └─────────────────────┘
```

創造する営みへの指導 (direction)，支援 (support)，援助 (help) の総称である。あるいは，生活者が社会的実践主体として自立していく過程への指導，支援，援助といってもよいだろう。

5　社会的実践主体としての自立を支援する

自立―発達―依存

それでは次に社会的実践主体として**自立**するとはどういうことかを考えてみよう。一般的に自立とは他者に依存しないこと，頼らないことだと考えられている。親に学費を出してもらわないで大学にいったり，親元から離れて一人暮らしをしたり，就職して親に生活の面倒を見てもらわなくなることを経済的自立といったり，一人で着替えができたり，排泄できるようになることを身辺的自立といったりするように，である。

たしかに，今述べたような意味での経済的自立や身辺的自立は大切な課題であるが，人間の自立を依存からの脱却としか見ないのは

一面的である。着脱や排泄が一人でできるようになると着脱や排泄に関しては大人の援助は必要なくなる。その点だけを見ると大人への依存から脱却しているということができるが，その途端に，精神的自立や社会的自立にかかわる課題が現れ，他者に依存せざるをえなくなる。人間の成長は依存から自立に向かうのではなくて，発達を仲立ちにして，自立と依存を繰り返すととらえるほうがよいだろう。

> 豊かな依存関係を
> つくる

自立を脱依存としてではなくて，自立と依存は不可分の関係だと考えるならば，依存の内実を豊かにとらえ直す必要がある。たとえば，ゆるやかな坂になった草むらを段ボールをお尻に敷いて滑り降りる遊びの場面を想像してみよう。坂を滑り降りるためには，少々きつくても坂を登らなければならない。このとき，坂を登ることが少々きつい子どもたちは，難なく坂を登って段ボールをお尻に敷いて坂を滑り降りる仲間を見ながら，自分も楽しく遊びたいという**発達要求**を膨らませ，そのためにはきつくても坂を自分で登らないといけないという発達課題と向き合うことになる。そして，坂を登り切れば楽しく遊べるという見とおしに支えられて，自分の力で坂を登ろうとする。大人の指導や援助，すでに登れるようになった仲間の存在，一緒にチャレンジする仲間の存在が，この子どもの坂を登ろうとする意欲を支えるのである。

　ここで重要なのは，一人で坂を登ったのではなくて，大人や仲間がいて，大人や仲間に励まされて，自分の力で登ったということである。つまり豊かな依存関係がそこにあったということであり，これを発達保障論においては，「みんなといっしょに自分でする」と

いってきたのである（田中，1974；石川，1994）。

> **自由の獲得としての自立**

こう考えると，自立は「一人でできる」ことなのではなく，「自分でやろうとする」こと，すなわち自分の意志と力で目の前の状況と対峙することである。自分の力を最大限に発揮してできることは何か，援助してもらわなければならないことは何かを自分で考え，自分で判断し，自分で決めて行動し，その結果に責任をもつということである。

そうだとすると，先の例でいえば，坂を登ることがまだ大変な子どもや身体に障害のある子どもにとっては，坂を登るのにいたずらに時間を費やして，段ボールで坂を降りる機会が減って楽しめなくなるよりも，当面は坂を滑り降りるという楽しい経験を仲間と共有するという判断を優先してもよい。

だから，自立には，生活や発達にかかわる**要求**とその実現の**見とおし**をもって，自分の力で要求を実現しようとする自由が保障されなければならない。有名な2つの自由という概念を用いれば，何が自分の要求なのかを他者や既存のシステムによって決められない自由（消極的自由：「～からの自由（free from～）」）と，自分のもっている力を自分の意志で用いて要求を実現する自由（積極的自由：「～への自由（free to～）」）が保障されている状態を自立というのである。

権利論の文脈では，自立は日本国憲法13条「すべて国民は，個人として尊重される。生命，自由及び幸福追求に対する国民の権利については，公共の福祉に反しない限り，立法その他の国政の上で，最大の尊重を必要とする」という**幸福追求権**や**自由権**に基礎づけられている。それと同時に，自立には自分の要求の実現に必要なさま

ざまな条件整備を求めたり、施設や制度を利用できる**社会権**の保障や行使も不可欠である。

> 社会的実践主体としての自立と共同

目の前の生活と向かい合いこれをつくりかえていこうとする社会的実践主体として自立することを指導したり援助したりすることが生活指導であった。学級、学校、地域には、子どもたち自身が考えて解決しなければならない課題がある。たとえば、流行の最先端に近いかどうか、運動神経がいいか、もてるか（かっこいい、かわいい）かどうか、盛り上げるのが上手いかどうかなどを基準に、明らかに上下関係のあるグループがある。やりたくなくてもとりくまざるをえない学校行事や学級のしごとがある。嫌でも守らなければならない校則がある。

こうした問題について、強い関心をもつ子どももいれば、関心を示さない子どももいるし、問題を解決しようと思ったりアクションを起こす子どももいれば、そうでない子どももいる。問題の重要性の認識や感じ方に違いはあっても、これらの問題は子どもたちの間で共有可能な、あるいは共有されるべき共通課題（communal matter）である。

共通課題は、だれも問題にしなければ潜在的な問題として眠ったままであるが、だれかが問題を告発したりすると顕在化し、解決すべき公的争点（public issue）となる。公的争点になるというのは、問題をめぐってだれもが自由に発言し、異論・異見があっても正当に扱われ討論できるということである。

社会的実践主体として自立するというのは、共通する問題をめぐって自由に討論する過程で、生活のなかで解決を求めている課題を

自分の課題として引き受け，生活をつくりかえたいという自分自身の主体的な要求に転換し，問題解決に向けて行動することである。しかもそれは〈ひとり〉で行動するのではなくて，共通する課題の解決に向けた共同行動のなかで，「みんなといっしょに」社会的実践主体として自立するのである。

引用文献

池谷壽夫（2000）『〈教育〉からの離脱』青木書店。
石川正和（1994）『子どもの人格発達と集団づくりの探究』大空社。
小川太郎（1958）「教育における教科の意義」『歴史地理教育』37号（1958年11月号）。
小川太郎ほか（1957）「子どもの実践と認識をどう指導するか（下）」『教育』78号（1957年9月号）。
清眞人（2007）『創造の生へ——小さいけれど別な空間を創る』はるか書房。
城丸章夫（1985）「共通の出発点を求めて」日本生活指導学会編『生活指導研究』2号　明治図書。
全生研常任委員会（1971）『学級集団づくり入門 第2版』明治図書。
高橋哲哉（2005）『戦後責任論』講談社学術文庫。
竹内常一（1986）「地域住民運動と地域生活指導運動」『生活指導』352号（1986年5月号）。
竹内常一（1987）『子どもの自分くずしと自分つくり』東京大学出版会。
田中昌人（1974）『児童福祉法施行20周年の証言』全国障害者問題研究会出版部。
マカレンコ（1965）『マカレンコ全集』第6巻，明治図書。
宮坂哲文（1956）「生活指導の本質」宮坂哲文『生活指導』明治図書（『宮坂哲文著作集』第1巻，明治図書，1968所収）。
宮坂哲文（1958）「生活指導と道徳教育」『教育』86号（1958年4月号）（『宮坂哲文著作集』第1巻，明治図書，1968所収）。
文部省編（1965）『生徒指導の手びき』大蔵省印刷局。
山本敏郎ほか（2015）『学校教育と生活指導の創造』学文社。

第2章 生活指導の源流

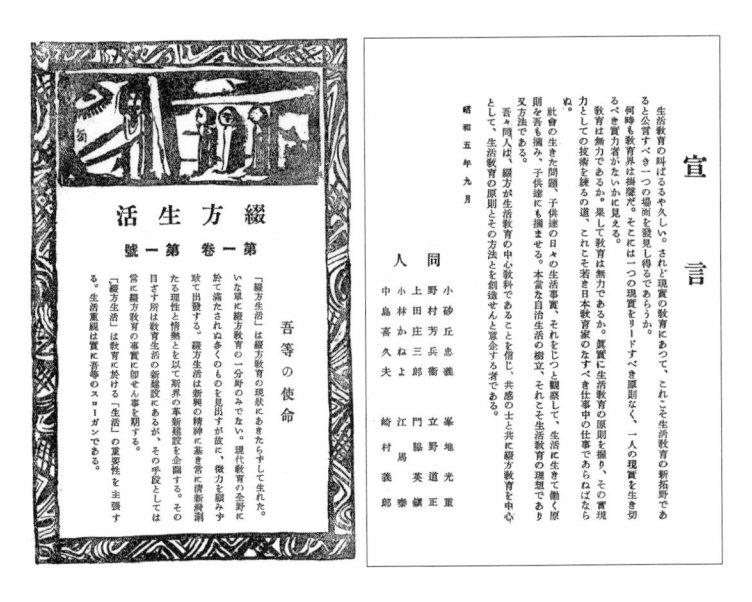

```
                    宣
                    言

 生活教育の叫ばるるや久しい。されど現實の教育にあつて、これこそ生活教育の新拓野であ
ると公言すべき一つの場面を發見し得るであらうか。
 何時も教育界は掛聲だ、そこには一つの現實をリードすべき原則と、一人の現實を生き切
るべき實力者がいないかに見える。巣して實力なきにあらざるか、將して生活教育の原則を掘り、その實現
教育は無力であるか。眞實に生活教育の原則を掘り、その實現
力としての技術を練るの道、これこそ吾等日本教育家のなすべき仕事中の仕事であらねばなら
ぬ。
 社會の生きた問題、子供達の日々の生活事實、それをじつと觀察して、生活に生きて働く原
則をも掴み、子供達にも掴ませる。本當なる自治生活の樹立、それこそ生活教育の理想であり
又方法である。
 吾々同人は、綴方が生活教育の中心教科であることを信じ、共感の士と共に綴方教育を中心
として、生活教育の原則とその方法とを創造せんと宣言する者である。

 昭和五年九月

                    同  人

    砂丘恵義      峯地光重
    小野村芳兵衞    野村道正
    上田庄三郎     立門英鎭
    小林かねよ     江脇英鎭
    中島喜久夫        村義郎
               喜崎泰郎
```

```
  綴方生活
  第一卷 第一號

      吾等の使命

「綴方生活」は綴方教育の現狀にあきたらずして生れた。
 いたづらに綴方教育の一分野のみでない。現代教育の念訴に
於て満たされぬあくがれの念を出す可きため、微力を顧みず
敢て出發する。綴方生活は現代の革新的精神に忠き常に價値創
たる理想と情熱とにより新興の革新建設にあるが、その手段としては
目さす所は教育の充實に即せんと事を期する。
 常に綴方教育の充實に即せんと事を期する。
「綴方生活」は教育に於ける「生活」の重要性を主張す
る。生活重綴は實に教育に於ける吾等のスローガンである。
```

（右）「宣言」（『綴方生活』1930年10月号，郷土社より）。
（左）「吾等の使命」（『綴方生活』創刊号，1929年，文園社より）。

First Question

① 生活綴方の系譜と生活訓練の系譜のそれぞれの特徴を整理してみよう。
② 「生活台」の思想の今日的な意義について考えてみよう。
③ 教育においてなぜ生活が重要なのだろうか。

1 生活指導の誕生

> 生活指導の誕生の背景

生活指導は大正期（1912〜1926）の民主主義を求める社会運動（大正デモクラシー）を背景に，反管理主義の教育実践として生まれた。生活指導と呼ばれる実践がどのようなものかについて述べる前に，生活指導と呼ばれる実践が誕生した背景について述べておきたい。

大正期には，第1次世界大戦の勃発による好景気に支えられながら，政治的には護憲運動をとおして普通選挙が実施され，思想的には欧米デモクラシー思想に触発されて自由主義・民本主義の思想が高まり，ロシア革命の影響を受けて社会主義思想も生まれてくる。社会運動としては，第1次世界大戦後に，金融恐慌にともなう失業者の増大によって，日本で最初の教員の労働組合である啓明会の創立（1919年），メーデーの開催（1920年），日本農民組合の結成（1922年）など，労働者と農民の運動が高揚してくる。

教育界に目を転じてみよう。明治中期には谷本 富らによって**ヘルバルト**（J. F. Herbart）の教育理論が紹介されていた。ヘルバルトは教科外教育の原理を管理と訓練という概念で構成し，まだ意志の十分に発達していない子どもたちを拘束して，秩序を維持する管理から始め，子どもに意志が発達するにつれて，教師の人格的感化と権威によって自主的な行動を展開させる訓練に移行するとしていた。

しかし，日本では訓練が管理の一部として理解されたために，教師の人格的感化による自主的な行動などはなく，教師の直接的な管理や，その代行機関としての級長，班長，当番などの権力的組織に

よる間接的な管理をとおして,学校や教師が決めた規則を子どもに強制していた。こうした管理主義教育にたいする反発から生活指導は生まれてくる。

生活指導概念の
2つの系譜

反管理主義として生活指導と呼ばれる実践が生まれてくるのだが,生活指導には2つの系譜がある。1つは,**生活綴方教育**を源流として,現実にたいする子どものありのままの意識や感情や態度そのものを指導の対象とし,ものの見方,考え方,感じ方を育てる指導としての生活指導である。そしてこの系譜は,**教科・教科外**の両方の領域にわたる思想,態度,価値観など生き方にかかわる教育として発展していく。

もう1つは,**生活訓練**のなかで用いられていた生活指導である。ここでいう訓練とは,生活のなかでの行為・行動を指導の対象として,目的に従って自主的に行動をコントロールできるように教育するという意味である。生活訓練の生活指導は,主に自由主義的な私立学校運動のなかで行われていた。子どもを野生的存在としてとらえ,子どもの生活の中心を遊びとし,子どもの遊びを指導することが生活指導と呼ばれた。生活指導のこの系譜は,教科外における子どもの野外生活や交友生活の指導,学級文化運動の方向や,子どもたち自身の自主的な集団活動と集団組織化をめざす集団主義的な方向に発展していった。

教育史研究では前者を「学習法的生活指導」,後者を「訓練論的生活指導」と呼び分ける(竹内,1969)。第1章でふれた生活指導論争との関係では,大雑把にいうと,機能としての生活指導が生活綴方の系譜を継承し,領域としての生活指導が生活訓練の系譜を継承

している。

2 綴方教育における生活指導

自由主義的綴方教育への転換

戦前・戦中の教科書は国定教科書であったが、「綴方科」の時間だけは教科書がなかったので、明治20年代までは教師が課題を与えて作文を書かせていたが、管理主義教育や画一的な教育にたいする抵抗や反発から、教師たちの間で自由主義的な教育が生まれてくる。たとえば樋口勘次郎は子どもの自己活動の必要を強調して、1899（明治32）年に『統合主義新教授法』を著して「自由発表主義の作文教授」を主張し、1916（大正5）年には芦田恵之助が子どもたちに自由に思うままに文題を選んで書かせる随意選題綴方を提唱する。芦田にとって、綴方はたんに上手な文章を書かせる指導ではなくて、「綴方科は人生科である」とか「綴方は自己を綴る」ことだというように、綴方は人間形成の一環としてとらえられていた。こうして、国定教科書時代に唯一の「子どもから」の教育の時間が創造されることになる。つまり「作文指導としての綴方」から「教育としての綴方」への転換が始まる。

さらにこの思想は、鈴木三重吉、北原白秋らによって1918（大正7）年に創刊された雑誌『赤い鳥』運動に引き継がれる。彼らは芦田と同様、綴方を「『人間教育』の一分課」ととらえ、「文学上の表現の練習のための学課から教育のための学課」への転換を主張し、子どもに見たまま、聞いたまま、考えたままを素直に文章に書かせることをとおして、子どもを知り、人間形成を行うことを説いた。

また彼らは雑誌『赤い鳥』の作品のなかから56編を選んで『綴方読本』を発表したが，これが，教育としての綴方という考え方を全国に普及する役割を担うことになった。

> **綴方教育における
> 生活指導概念の誕生**

芦田や鈴木の影響を受けた綴方教師のなかに，人間形成のためには綴る以前の子どもの生活そのものに着目する必要があり，生活への指導があってはじめて立派な綴方が生まれると考える教師がでてきた。たとえば田上新吉は，表現のためには生活を指導する必要があることを説いた。

> 生活は文を生む母胎である。指導者は第一義的に生活に着眼すべきである。文の形や表現技術を教師がいかに力説しても何等の効果をもたらすものではない。新たなる生活があってこそ，そこに新たなる表現が生まれる。広き生活こそ題材を拡張し，深き生活こそ作品に価値あらしめるものである。
> （田上，1921，130頁）

続けて，**峰地光重**によってはじめて生活指導という言葉が用いられる。

> 文は立派な魂がなければ，立派なものが出来ないのだから，誰でもその日常生活のなかに真の経験を積んで立派な魂をもつ人にならなければならない。……そこで，その生活を指導して価値ある生活を体験するように導かねばならない。生活指導を抜きにして綴方はありえない。
> （峰地，1922，68頁）

峰地は上記のように述べて，立派な文章を綴るためには，「価値ある生活」ができるように指導しなければならないという考え方が

生まれてくる。作品としては劣悪でも，子どもにとっては偽りのない生き方，生活がこめられているので，そこを敏感につかんで個人指導をすれば子どもはどんどん成長すると考えられていた。

3 大正自由教育における生活訓練的生活指導

手塚岸衛の自由主義的自治訓練論

次に2つ目の系譜である生活訓練の系譜に位置づけられる生活指導実践を見てみよう。
千葉師範学校附属小学校の手塚岸衛は，学校における「一斉画一」「干渉束縛」「受動注入」「形式教授」を批判し，「教授と訓練に自学と自治を」という理念のもと，児童中心主義的な実践を展開する。手塚は当時の学校を次のように批判する。

○朝礼とか会礼とかいう名前で，始業10〜20分前から生徒を集めて，校長や教員の思いつきで，土手に上るとか，廊下を駆けるなとかいう訓辞が行われる。

○団体訓練と号して身動きひとつさせず，頭ごなしに威圧して児童を畏れさせて得意がっている。

○教室にはいると，「一二三」と号令する。教師は教壇に上り教卓の側に立つ。子どもは起立して，一歩後ろへさがり，敬礼する。子どもの精神を緊張させるためには厳粛さが必要だとして，教師も子どももよそ行きな気取った態度をとる。

○一方学習となると，こうしたことをする学校ほど子どもはうってかわって不注意なみだらな崩れた態度をとったり，豆鉄砲を喰った鳩のようにただきょろきょろしていたり，ぽかんとしている場合が多い。

手塚は，こうした現状批判にもとづき，以下のように述べ，教師中心から児童中心への転換を主張する。

> 従来のごとき教権中心な教師本位な干渉束縛に過ぎたる教育を排除し，今すこし相対的な或程度の自由を与へ，児童を伸びのびさせて，彼等の生活を生活せしむる児童本位にまで学校を改造したいものである。教師の学校を児童の学校にまで開放せよ。
>
> （手塚，1922，20頁）

そして学校教育が成立する基礎的な条件は，子どもが自己の学校生活を統制（**自治**）できるようにすることだと考え，次のような実践を展開する。

学級自治会を1年生の段階から組織して，週1回の会議を開催し，役員を選挙で選び，写生遠足会，学芸発表会，展覧会，綴方批判会，学校奉仕などを行い，全校レベルでも自治集会を組織して，作文，童話，詩の発表，自治会決議事項の発表などを子どもたちの手で進める。

手塚岸衛の実践については，自治活動を導入した点に教育方法としての進歩性が評価されている。ただし，自治訓練の目的が子どもたちを生活者ととらえ，社会的実践主体に育てるためというより，権力に自発的に服従する公民を育てる点にあったことから，生活指導実践と位置づけることへの疑問も呈されている。

野村芳兵衛の生活指導論

教育方法上の進歩性として自治訓練を導入したのみならず，子どもを生活者としてとらえ，生活者としての生きる力を育てようとしたのが**野村芳兵衛**である。

野村は，**教育の世紀社**の実験学校として野口援太郎が 1924（大正13）年に設立した**池袋児童の村小学校**の創立理念にあこがれて赴任する。ところが，規則はなく，登校時刻もまちまちであり，教室も教師も決まっておらず，子どもたちは，気のむくままにやってきて，気のむくままに教師や場所を選び，遊んだりするという姿を見て，外から拘束を加えないという意味での「自由」を与えているにすぎないのではないかと疑問をもち落胆する。しかし，野尻湖での「夏の学校」において，子どもが自然のなかで自発的に探究し，遊ぶ姿を見て教育観を改めることになる。つまり教師の任務が子どもを指導することにあるという固定観念を打破し，指導を徹底して排除しなければならないと考えた。この点では手塚の児童中心主義と共通しており，野村は児童中心主義をもっと徹底しなければならないともいっている。そして，指導を排除し自由を与えることによって，子どもたちが人間としての「協力意志」にもとづいて人間的な連帯をつくりあげていくことに信頼をよせようとした（野村，1926）。

　こうして野村は「人を導く」ことが「傲慢」かつ「軽薄」なことであり，人間に内在する「無形の力」，すなわち「協力意志」による生活のなかでの，生活をとおしての人間的交わりとしての「生活交渉」が重要であると考えた。そして指導は，指導するという意識を排除したところで成立するものであり，したがって生活指導も子どもを被教育者として指導することではなくて，子どもを一人の友としてとらえて，彼らに共鳴したり，相談したり，忠告したりすることであると考えるようになった。

協働自治による生活訓練

ところが，農村にも資本主義的な経済システムが浸透し，農村の村落共同体のなかにあった関係性が崩れ，教育力が衰退してくると，遊び中心や児童中心の生活指導では，子どもの危機にたいして無力であると批判された。野村はこの批判を受け容れ，教育が現実の政治・経済の影響を免れることができないのであれば，現実の政治的・経済的社会のなかで生きる力を積極的に育てる必要があると考えるようになった。そこで以前には排除し批判した訓練に着目し，生活訓練を導入することになる。そしてこれ以後，野村は「生活指導」という言葉を使わなくなり，「科学的認識による，社会人の協働自治を目的とし，協同自治を方法とする，集団協働の自治訓練であらねばならぬ」というように，**協働自治（協同自治）**による生活訓練が野村の理論と実践の中心概念になっていく（野村，1932）。

この転換の背景には，「社会生活そのものを，個々人の主体的な力で改造，管理されるべきものとしてとらえた生活観」（吉田，1984）がある。この生活観から，**自治訓練**の目標，内容，方法が導き出されていた。それぞれを簡単に説明すると次のようになる。

まず自治訓練の目標である。社会に支配される人間ではなく，社会を主体的につくりかえたり，社会のなかで人間的要求を組織し，実現できたりする主体（**社会的実践主体**）として育てることに自治訓練の目標を置いた。野村の言葉を用いれば，育てようとしていたものとは「内的必然が外的必然を統制していくための科学的認識力と組織的協働力」である。

次に，自治訓練の内容である。この社会を生きていくために必要な生活技術として，保健上の技術，仕事に対する技術，社交上の技術，政治上の技術がとりあげられていた。野村の言葉を用いれば，

「教育は生活技術の訓練」である。

　さらに自治訓練の方法である。自治訓練の中心は，構成員の話し合い，決議・決定，合意，など集団の意志の確立とそのための討論をその内実とする「協議」と，対立の克服と利己主義の否定による集団の利益を追求する「抗議」であった。この協議と抗議をとおして集団の連帯（協働自治）を築こうとしたのである。野村の協働（協同）自治訓練論は，この後に述べる北方教育に大きな影響を及ぼすことになる。

4　生活綴方教育における生活指導の発展

生活綴方教育における生活指導観の転換

　大正自由教育を背景にして生まれた綴方教育と生活訓練は，昭和期になると相互に影響し合いながら発展していく。とりわけ以下で述べる北方教育は綴方教育を発展させるとともに，生活訓練の方法を取り入れている。それではまず昭和期の綴方教育について見ていこう。

　大正期の綴方教育が，生活を綴ることによる人間形成を目的とし，その手段として生活指導を位置づけていたのにたいし，昭和期になると，生活をつくりかえる力を育てる生活指導を目的とし，その手段として生活を認識し表現する生活綴方を位置づけるという考え方が生まれてくる。厳密にいうと，綴方教育はこのように生活指導の一環として把握されることで，生活綴方教育になったのである。

　この時期の生活綴方教育をリードしたのは，生活綴方教師の同人誌として 1929（昭和 4）年に刊行された『綴方生活』に集った小砂

丘忠義、志垣寛、上田庄三郎、今井誉次郎、野村芳兵衛らである。後に述べる東北地方を舞台とする生活綴方運動と比べて、西日本・南日本が中心だったため南方系生活綴方と呼ばれたり、時期的に数年早く運動が始まっていることから、前期生活綴方教育運動といわれたりすることもある。

「生活指導＝目的、生活綴方＝手段」という考え方を見てみよう。

> 社会の生きた問題、子供達の日々の生活事実、それをじっと観察して、生活に生きて働く原則を吾も摑み、子供達にも摑ませる。本当の自治生活の樹立、それこそ生活教育の理想であり又方法である。吾々同人は、綴方が生活教育の中心教科であることを信じ、共感の士と共に綴方教育を中心として、生活教育の原則とその方法とを創造せんと意企するものである。　　　　　　（綴方生活同人、1930、4頁）

> この頃各地に行われている綴方教育上の種々な試みは、……いろいろに名前はつけられているけれども、要するに生活指導という名でもって一括される。……子どもの眼を環境に、集団に、社会に、見開かせんがための努力である。　　　　　　（小砂丘、1938、337頁）

このように、「子どもの眼を環境に、集団に、社会に、見開かせ」、そこに働いている「原則」を教師と子どもがともにつかみ、自治生活をつくっていく営みが生活指導であると再定義された。たとえば小砂丘忠義の「たくましき原始子供」という子ども観にあらわれているように、勉強のときは小さくなっているが、働くときと遊ぶときには生き生きとし、楽天的で、いたずら好きな、日本中のどこにでもいる貧しい農民や労働者の子どもの姿をとらえて、そうした子どもの解放をめざすようになる。そして、そのための重要な方法として生活綴方とそれをとおしての表現が位置づけられたのである。

東北地方における生活綴方教育――北方教育

西日本・南日本を中心とした生活綴方運動にやや遅れて，東北地方での生活綴方運動が 1929（昭和 4）年，**成田忠久**による**北方教育社**の結成と機関誌『**北方教育**』の創刊（1930）によって始まる。そして，北方教育社をはじめとする東北地方の綴方サークルが結集して，1935（昭和 10）年，**北日本国語教育連盟**を結成し，機関誌『**教育・北日本**』を創刊して生活綴方運動が発展する。中心となる人物にはほかに村山俊太郎，鈴木道太，佐々木昂，国分一太郎，野村芳兵衛らがいる。また，実践の舞台が東北地方であったり，機関誌名が『北方教育』であったことから，これらの実践や運動を**北方教育**とか北方性教育ということもある。

北方教育は，前期生活綴方とともに，子どもたちの実生活のリアルな表現をとおして，ものの見方，考え方，感じ方を指導しながら生活認識を形成し，厳しい北方的現実のなかでも生き抜いていく力，北方的現実を切り拓いていく力を育てようとした。そして教育の本質は，生活の発展を担う子ども，生活を自分たちの力で統制できる力を育てること，すなわち生活指導にあり，綴方は「よりたかい生活をつくりあげていくためにのみ意義がある」と考えられた。換言すると，生活指導は教育総体をつらぬく根本原則としてとらえられるようになる。たとえば山形の**村山俊太郎**は生活綴方教育の課題を，「北方の生活台を生きる人びとの，新しい社会関係，文化関係を組織する新しい世代の人間性を創ることにある」（村山，1936）としていた。

5 北方教育における「生活台」の思想と実践

> 「生活台」と向かい合う
> 生活者を育てる

引用が長くなるが、北日本国語教育連盟がその機関誌『教育・北日本』において宣言した一文を紹介しておく。

> 我等は単純に観念的地域として、乃至封建的部落根性のために北日本を区画せんとするものではない。それは明らかな事実として植民地以外、この北日本ほど文化的に置き去りをくっている地域は外にあるまい。又封建の鉄のごとき圧制がそのまま現在の生産様式に、そしてその意識状態に規制を生々しく存続しているところはあるまい。しかも加うるに冷酷な自然現象の循環、この暗たんとして濁流にあえぐ北日本の地域こそ我らの等しき「生活台」であり、我らがこの「生活台」に正しく姿勢することによってのみ教育が真に教育として輝かしい指導性を把握する所以であることを確信し、且つその故にこそ我等は我等の北日本が組織的に積極的に立ち上がる以外全日本の貢献の道なきことを深く認識したのである。「生活台」への正しい姿勢は観照的に、傍観的に、子供の生活事実を観察し記述するのではない。我等は濁流に押し流されてゆく赤裸な子供の前に立って今こそ何等なすところなきリベラリズムを揚棄し、野生的な彼等の意欲に立脚し、積極的に目的に生活統制を速やかになしとげねばならぬ。
> (北日本国語教育連盟, 1962a, 10頁)

この一文のなかのもっとも重要なキーワードは「**生活台**」である。北日本は、文化的におきざりになった地域、近代化が遅れ、封建的生産様式とそれにともなう封建的意識に支配された地域、冷酷な自然現象と闘わねばならない地域として書かれているが、たんにそう

した事実が客観的に記述されているのではなくて，北日本で生きる人間の労働，くらし，人間関係，文化，思想すべてを決定づけている北日本という地域の特殊性，逃げたくても逃れることのできない**生活現実**，向かい合って何としてでも生き抜かなければならない生活現実が「生活台」という言葉で表現されている。

当時の日本は，1927（昭和2）年のアメリカの金融大恐慌により，戦前最大の金融恐慌に見舞われ，都市では中産階級の没落が相次いでいた。また1931（昭和6）年の東北地方の冷害の影響で，農産物価格の大暴落，水稲・養蚕の生産力の停滞，娘の身売りや一家離散などを余儀なくされていた。そうした生活現実の前で教育にできることは何かと自ら問いかけ，出した答えが「生活台」の思想である。

そのさい，「宣言」において，教育が教育になるのは，教師自身がこの「『生活台』に正しく姿勢する」ことによってであるとされているように，まずは教師自身が，「生活台」に向かい合い，そのなかにある矛盾を認識し，教育上の課題を明らかにすることを自らに求めた。そしてそれは，生活現実に対して無力な自由主義から決別することでもあった。そのうえで，子どもたち自身の力で「**生活統制**」（自治生活）を進めようとしたのである。

> まず私たちは，北方の子どもたちに，はっきりと，この生活台の事実をわからせる。暗さに押し込めるためではなく，暗さを克服させるために，暗いじめじめした恵まれない生活台をはっきりわからせる。わかったために出て来る元気はほんとうのものであると私たちは考えている。
> 　　　　　　　　　　　　　　（北日本国語教育連盟，1962b，185頁）

「この生活台の事実を分からせる」とあるように，「生活台」と向かい合って生活認識を形成することが重視されている。それは，自

分たちの生き方を規定している生活が何かがわかってこそ、生活を何とかしようという意欲が生まれると考えられているからである。そしてそのために、作文に描かれたリアルな「暗い」みじめな生活に指導の手がかりを見出した。このように、厳しい北方的現実のなかでも生き抜いていく生活意欲、北方的現実を認識し切り拓いていく見通しをつくる生活知性、そして、生活を営む生活技術、生活をつくりかえていく集団的な連帯意識と組織的な行動力を育てることで、「生活台」に「正しく姿勢」させようとしたのである。現代的に言い換えると、「『生活台』に正しく姿勢する」とは、生活をつくりかえようというスタンスで生活と向かい合うことをとおして、生活からの呼びかけに応答することということもできる。

「生活台」を生きる集団の組織化

北方教育の、それ以前の生活綴方教育とは異なる特質は、集団的な連帯意識と組織的な行動力にある。これについては野村芳兵衛の協働自治論の影響を強く受けている。野村がそう批判され受け容れて自身の教育観を転換させたように、東北の教師たちも、資本主義的生産様式の浸透とともに協働的・集団的でなければならないはずの農民たちの世界に他人の不幸を喜ぶような習性が発生している状況を目の当たりにして、人びとの間に人間的な連帯と協力を築くことが地域的課題・教育的課題だと考えていた。その代表的存在の一人である宮城の**鈴木道太**の実践を見てみよう（以下の囲み以外の引用も、鈴木、1957による）。

> 私は最初貞山堀に群がる子どもたちは、遊んでいるものとばかり思っていた。街の子どもたちが、めんこをしたり、ベイゴマをまわ

> して遊んだりするように，貝を掘ったり，魚釣りをしたりして遊ぶ。
> それは置かれている環境の違いによって，遊び方が違うのだと，別
> 段怪しむこともなかった。たしかにそれは子どもにとって遊びには
> 違いない。しかし，それは遊び以上のものであった。
> 「先生，こんで三銭になるな」
> 「鴨の卵は二銭で売れるんだぞ」
> しじみ貝や鴨の卵の値段を測定して私に話しかける。釣った魚さ
> え夕食の菜にする計算を忘れないのである。
> 白石の伯母が，私たちのことを案じて泊まりがけで遊びに来た時，
> 私の母は始めて息子の働くこととなった浜の環境をこまごまと妹に
> 説明し，話が世態人情のくだりに及ぶと，「ほんとケワシ（打算的）
> い童子（わらし）なんだぞ。遊ぶったって，ただで遊ぶこと考えな
> いんだからなあ」と慨嘆するのであった。　　（鈴木，1957，26頁）

　このように，鈴木は，何をするにしても，いくらで売れるかばか
りを考えている「打算的な童子」の姿を見てとっている。そしてそ
の原因を，農村に資本主義的生産様式が浸透するようになると，い
つでも相手の犠牲の上に勝つという自由競争の掟が人びとの心を縛
って，人はいつも，他人の不幸の上に慰めと喜びを見出すような習
性になり，この分裂が，いつも子どもたちの精神を支配し，影響し
ているからだと分析する。そしてそのために，「学級社会のなかで，
ひとりの喜びをすべての喜びにすることは難しい」というのである。
しかしその一方で，子どもたちが「打算的」になる理由について，
鈴木は子どもたちも働いて稼がないと生活できないという貧しさが
あることも知っていた。

> （遠足で）往復六里を仙台まで歩いて帰って来ても，湯に入って
> ゆっくり休める子は数える位しかいないであろう。この前の遠足の
> 時は，吉五郎は閖上まで二里，得意先の振舞の魚を背負わされてい

> るし，肥料出しや兎の物とりをしなければ一日は終わらない子だ。
> (鈴木，1957，38頁)

　まして，「仲間の列から抜けて，ひとりとして中学校受験の予習」をしたり，「女中に持って来さした温かい飯を，弁当の蓋でかくして食う」ような裕福な子もいない。「働くことの喜びも悲しみも苦しみも，貧しいことの嘆きも淋しさも身体で知っている子どもたち」だからこそ，「この仲間に協力出来ない筈はない」とも考えていた。そこで，集団的な協力の経験をとおして，「協働社会の能動的な構成員」としての個性と，それに応じた実感や意識を育てようとしたのである。

　そのさい，この働くことを組織的に使って学習に役立たせる道はないのか，働くことがわずかの儲けにしかならないとわかっても，それはそれで子どもたちのからだを通した生活の知恵となるのではないかと考え，労働を教育実践に採り入れる。たとえば，当時の農村の生活向上運動の1つである自力更生運動のなかの協同組合方式を学級生活にもちこみ，学校園で栽培した花を地域で売ったり，その収益でバリカンとはさみを買って，子どもたちで散髪しあうというような実践を展開した。

　また，「ひとりの喜びが，みんなの喜びとなり，ひとりの悲しみが，みんなの悲しみになる……教室」ということばを掲げて，これを教室に貼り，学級生活の共同化・組織化を進める。学級のなかに学級を運営するための，政治部，経済部，学芸部，運動部という組織機構と，子どもたちが学級生活を営むための班をつくり，それを「月曜の家」「火曜の家」……「土曜の家」と名づける。

> 私は部落毎に一つずつ組織を作ろうと思った。子どもたちの生まれ育ってきた地域社会は，子どもたちにとって一番利害の共通する社会である。……炭は一つ一つ離しておいたのではおきない。これを集め，組合せたときにはじめてカッカッとおきて来るのだ。子どもたちもバラバラに離しておいたのでは盛上って来るわけはない。教育は子どもたちをどのように組織し，どのような方向におこしていくかである。……私は六つの班を作って，その班毎の選挙で班長を決めた。
> (鈴木，1957，38頁)

ここまで見てきたように，生活指導は，生活を自由に綴ることで人間形成を図るという綴方教育の不可欠の手段として登場した。その後，生活綴方教師たちは，今日でいう「**生きづらさ**」をかかえた子どもたちの生活現実と向かい合うことによって，子どもたちをして生活をつくりかえる社会的実践主体に育てる生活指導こそが教育の目的ととらえるようになる。そして，生活を認識し表現するための生活綴方と，生活をつくりかえる自治集団の組織化を大きな柱とする教育実践を構築していく。戦後の生活指導はこの遺産を継承して復活して今日まで受け継がれているのである。

Column ① 三浦綾子『銃口』（初版，小学館，1994年）を読む

1941年1月北海道で52名が治安維持法違反の名目で検挙された北海道綴方教育連盟弾圧事件をモチーフに書かれた小説である。主人公の北森竜太はたまたま参加した綴方研究会の参加者名簿に名前を書いたために，特高警察に検挙される。「どうしたらよいか迷った時は，自分の損になる方を選ぶといい」と語り，竜太が教職につくにあたって大きな影響を与えた小学校の担任坂部久哉も投獄され虐殺される。

竜太の父は質屋を営んでいる。貧乏人に金を貸して儲かっていると陰口をたたかれながらも，「金を貸す者がなにも偉いわけではない。

……商売させてもらっているんだから，頭は下げなきゃならん」と言ったり，炭鉱のタコ部屋から逃げ出してきた朝鮮人労働者をかくまい，逃亡を助けるような父である。こういう父や教師のもとで竜太はまっすぐに育った。特別に左傾化していたわけでもなく，むしろ天皇制には従順であった。

さて，7カ月にわたる勾留ののち釈放された竜太は徴兵され満州に行き，そこで終戦を迎える。満州から日本へと帰還する途中，朝鮮人義勇軍の民兵に「銃口」をつきつけられる。「銃口」をつきつけたのは，父が逃がしたあの朝鮮人労働者金俊明だった。帰朝後義勇軍の隊長として対日抗争を指揮していた金俊明の手引きと援助で，竜太は日本に戻ることができた。作者の三浦による，当時投獄された綴方教師，満州に渡り敗走してきた元兵士，元南満州鉄道の運転士，朝鮮半島と日本を往復した漁船の乗組員の方々へのていねいな取材が作品にリアリティを与えている。

わたしは少なくとも2つのことを考えないといけないと思っている。1つは，本章で取り上げた綴方教師たちがなぜ天皇制政府に弾圧されることになったのか。その手がかりは本章と第3章でふれておく。もう1つ，旭川に帰りついた日，「竜太は，まだ自分の背後に銃口が向けられているような，いやな気持だった」とある。「まだ」とあるがいつからなのか，誰が向けているのだろうか。なぜ正面からではなくて「背後」からなのか。その「銃口」はいつおろされるのだろうか。

引用文献

北日本国語教育連盟（1962a）「『教育・北日本』宣言」日本作文の会編『北方教育の遺産』百合出版（初出は，北日本国語教育連盟『教育・北日本』創刊号，無明舎出版）。

北日本国語教育連盟（1962b）「北方性とその指導理論」日本作文の会編『北方教育の遺産』百合出版（初出は，北日本国語教育連盟『綴方生活』1935年7月号，文園社）。

小砂丘忠義（1938）『私の綴方生活』モナス（日本作文の会『生活綴方の伝統——小砂丘忠義十五周忌記念論稿集』百合出版，1953所収）。

鈴木道太（1957）『北方教師の記録』麦書房（『鈴木道太著作選』第1巻，明治図書，1972所収）。

竹内常一（1969）『生活指導の理論』明治図書。

田上新吉（1921）『生命の綴方教授』目黒書店。

綴方生活同人（1930）「宣言」『綴方生活』1930年10月号，郷土社。

手塚岸衛（1922）『自由教育真義』東京宝文館（復刻版，日本図書センター，1982）。

野村芳兵衛（1926）『新教育に於ける学級経営』聚芳閣（『野村芳兵衛著作集』第2巻，黎明書房，1973所収）。

野村芳兵衛（1932）『生活訓練と道徳教育』厚生閣書店（『野村芳兵衛著作集』第3巻，黎明書房，1973所収）。

峰地光重（1922）『文化中心綴方新教授法』教育研究会。

村山俊太郎（1936）「北方の国語教育運動」『国語教育研究』第5巻1号（『村山俊太郎著作集』第2巻，百合出版，1967所収）。

吉田一郎（1984）「人間的価値を創造する生活の組織化」斎藤浩志編『教育学』青木書店。

第3章 生活指導の展開

生活指導の類型と今日の課題

文部省の学力調査に臨む小学生（東京都港区の小学校）（1964年6月23日）
© 時事通信社

First Question

① 戦前の生活指導の何がどのように引き継がれていったのだろうか。
② 戦後の生活指導において、だれのどのような生活が指導の対象となったのだろうか。
③ 戦後の生活指導の各類型において「指導」とは何を意味していたのだろうか。
④ 戦後の生活指導の各類型は、どのような時代を背景としているのだろうか。

戦前に誕生した**生活指導**は,敗戦を契機として日本の教育の大転換を受けながら,さまざまな実践とともに展開していくこととなった。戦後の生活指導は,第2章で紹介した戦前の「生活綴方」の流れをくむ①「学級づくり（仲間づくり）」と②「集団づくり」,そして,③「ガイダンス理論」を理論的基盤とする④「生徒指導」というように大きく4つの類型に分けることができる（巻末資料図B参照）。本章では,戦後の生活指導の歴史的変遷を③①②④という歴史順に紹介していく。

1 ガイダンス
受容とその批判

ガイダンス論の背景　　敗戦直後の日本は,占領国であったアメリカの影響を強く受けた。これは教育においても例外ではなかった。アメリカの**デューイ**（J. Dewey）らの教育理論が積極的に導入され,**戦後新教育**と呼ばれる**経験主義・児童中心主義教育**が行われた。生活指導分野でも,アメリカの**ガイダンス理論**が移入され,その訳語として生活指導や生徒指導があてられた。ガイダンスとは,広義には「子どもたちのさまざまな生活上の問題について指導・助言する行為」をさしている。ここでは,子どもたちが自らの問題を解決するよう自己決定・自己選択できるように援助するという意味である。

　ガイダンス理論が受容されたのには,次のような2つの背景があった。第1に,**道徳教育**のあり方が模索されていたことだ。1945年,GHQの指令により,戦前・戦中の軍国主義教育を中心的に担

ってきた修身科が停止され,引き続き,1947年の学習指導要領（試案）等において,道徳教育は特定の時間をとおしてではなく学校教育のあらゆる機会を通じて行うべきものとされた。このなかでとりわけ授業以外の領域での道徳教育のあり方の参考とするためにガイダンス理論が研究された。第2に,戦後の中等教育では,**ホームルーム**の時間が新設され,そこで何をするかを考える必要に迫られていた。そこでガイダンス理論に白羽の矢が立てられたというわけだ。このように,ガイダンスは,海外からの理論の輸入という形で行われたため,基本的に戦前のわが国の生活指導の伝統とのつながりはない。

アメリカにおけるガイダンス理論

ガイダンス理論の特徴を考えるために,まず,アメリカでのガイダンス理論の展開について見ておこう。**宮坂哲文**が**トラックスラー**（A. E. Traxler）の *Technique of Guidance*（1945年）を整理して紹介しているが,アメリカのガイダンス運動には次の5つの源泉があるという。

①恵み薄い人びとへの博愛主義・人道主義,②よい生活へと訓練することをめざした宗教,③不適応に対して精神治療の必要性を見出す**精神衛生**,④学校経営的関心,⑤個人の生徒を知るための**記録・測定**,である。

トラックスラーは①②を古い源泉,③④を比較的新しい源泉,⑤をもっとも新しい源泉としている（宮坂,1968）。ガイダンス研究が,1908年にボストン職業相談所を開設したときに始まり,その成功が学校への指導課の導入や各地の児童相談所の設置に結びついたといわれるように（吉本,1987）,学校へのガイダンス理論の導入には

主として③④⑤の源泉が強く影響しているといえる。

このうち③精神衛生に関しては、第1次世界大戦後のアメリカの社会的混乱のなかで、青少年の非行が問題化し、学校においてもその対応が迫られたという事情があった。ここでは、非行は精神上の問題であり、治療を要するものとして扱われた。

また、④学校経営的関心に関しては、機械化による失業問題、世界的不況、義務教育等により、目的をもたない多くの生徒が中等教育へと多数流入してきたことに対応しなければならなかったという事情があった。学ぶ意味や進路について考えさせるための相談や助言のトレーニングを受けたことがなかった教師たちが、その役割を担わされることになり、一定の理論や方法が求められた。

そして、それらに関係して生徒を指導するために⑤記録・収集として、個々の生徒の情報を収集することがめざされることになった。

こうして、客観テスト、生活記録、健康記録等のさまざまな情報を累加記録として蓄積していくことが行われるようになったわけである。このような測定が盛んになったのは、それらが当時の心理学における測定運動の隆盛や、新教育における個人重視の教育観と親和的であったことともかかわっているだろう。

ガイダンス理論の日本への移入

ガイダンス理論の日本への移入について考えるとき、まず、アメリカでガイダンス理論が受容されたのと同様の社会状況が日本にもあったことを考慮しておくことが必要である。当時の日本は、敗戦による諸価値の急転換によって社会的な混乱が見られ、また、1951年には戦後の少年非行の第1のピークを迎えるなど、青少年問題への対応も迫られていた。ガイダンスが適切な方法であったか

は別としても、これらの状況への対応は不可避であった。ガイダンス理論はこうした状況への対応策として移入されたのである。

アメリカのガイダンス理論は、ほぼそのまま日本に移入された。このことは、当時文部省が発行した資料に明確に見て取れる。たとえば、『児童の理解と指導』(文部省、1949) では、児童の個人差を重視すべきこと、広義の精神衛生がガイダンスとほぼ同義であることなどが記され、児童の身体、知能、情緒性、社会性などを知り(測定)、学籍簿に記入(記録)することなどが論じられている。また、『中学校・高等学校の生徒指導』(文部省初等中等教育局、1950) においても紙幅の大半を生徒に関する資料の収集と累加記録の様式にあてている。日本においてもガイダンスは児童・生徒の個人情報収集と蓄積を主要な方法として取り組まれた。

ガイダンス論への批判

しかし、ガイダンスの理論と実践は、やがて2つの点から批判にさらされることになる。

第1の批判は、その**適応主義**的な性質にたいするものであった。たとえば1958年の学習指導要領に強い影響を与えたとされるアメリカの書物は次のように「適応」を強調している。

> 容易ならぬ精神錯乱者の増加、能力に比例した成功と幸福を得られるべきはずの人の、情緒的障害、劣等感、およびその他の不適応の形態による失敗などからして、近代中等教育の中心的概念のなかに、生徒の適応という概念が卓越した地位を与えられねばならない。
> (下線は引用者による) (Allen et al., 1933;竹内、1995、115頁)

仮に社会の混乱や貧困・失業等にさらされて精神的に不安定にな

1 ガイダンス 51

ったり不適応になったりするのだとすれば，それらは単に個々人の内面や適応力の問題ではなく社会の問題であり，生活そのものの問題でもあるはずである。ところがガイダンスの理論と実践は，子どもたちを生活と向き合わせ，そこに働きかけてよりよい生活へとつくり直させようとするのではなく，矛盾や問題のある社会や生活に「適応」させることをめざしたのである。

批判の第2は，その**個人主義**的な性質にたいしてである。すでに見たようにガイダンスは個人の情報を収集・記録する点に特徴があった。ホームルーム活動を中心にグループ・ガイダンスという言葉が使われていたとしても，それは「集団的な方法ないしは集団的な形態によって行われる個人の指導」とほぼ同義に使用されていたのであり，ガイダンスはあくまで個人への働きかけを本質としていた（宮坂，1968）。したがって，学級集団のなかで生じる問題を子どもたちにどう理解させるのか，どう働きかけ，改善させていくのかといった個と集団の関係についての視点を欠いていたのである。

2 生活綴方の復興から仲間づくりへ

戦後生活綴方の復興

しかし，戦後日本には，適応したとしても，そもそも生活が成り立たない貧困地域が多くあった。そこではガイダンスは無力であった。そもそも子どもが働き手であるため学校に来ることすらままならない状況があったのだ。しかも，戦後新教育における教科書の内容はあまりにも牧歌的であり，子どもたちの**生活現実**からかけ離れていた。こうしたなか，戦前の生活指導の伝統を受け継いだ教師たちは，1950年に日本綴

方の会を結成し，生活を綴り，綴られた生活現実を教材にして学ぶという**生活綴方教育**を復興していった。戦後になって，戦前・戦中に軍国主義に批判的な教育を行ったことを理由に職場を追われた綴方教師たちの復職がかなったこともこのことの後押しとなっただろう。

さて，この系譜の生活指導として有名なのは，戦後生活綴方復興ののろしを上げたといわれる**無着成恭**の『**山びこ学校**』(無着, 1951)である。なかでも当時中学2年生，江口江一の作文「母の死とその後」は特に有名である。これを手がかりに生活綴方をとおした生活指導の概略を見てみよう。

江一は，父母を亡くし祖母と幼い弟妹をかかえて一家の大黒柱として働くため農繁期にはほとんど登校できない。無着は江一に生活の現状を綴らせることで江一に自分の貧困の状況や原因を考えさせると同時に，学級で作文を読み合うことをとおして，どれだけ働いても借金が増えていく社会や経済の仕組みの問題を学級の皆に学ばせていく。また子どもたちは単に知識として学ぶだけでなく，どうすれば江一が学校に来られるかを学級全体で考え，農作業を手伝うことで江一の登校を実現していく。『山びこ学校』の反響は大きく，生活綴方の実践が全国の学校のみならず，職場のサークル等にも拡大していくことになった。いずれにしても，生活綴方をとおした生活指導の広がりは，ガイダンスがめざしたような社会や学校への適応という小手先の対応ではなく，社会も学級もともに変革の対象ととらえ，そこに働きかけていくことの教育的意義と必然性を教師たちが自覚せざるをえなかったことの現れととらえられるだろう。

学級づくり論への展開

また，この時期には，「**学級づくり（仲間づくり）**」といわれる教育実践が展開されるようになる。その典型は**小西健二郎**の『**学級革命**』で紹介された実践（小西，1955）である。『学級革命』には，勉強もできてスポーツもできる教頭の息子，清一が登場する。教師たちは彼を**ボス**（集団を自分の意のままに動かそうとする者）ではなく**リーダー**（集団の利益を代表し，その実現に向けて牽引する者）と見なしていたが，清一は，実際には，自分の都合のよいように遊びのルールを勝手に変えたり，級友に命令したりするボスとして学級に君臨していた。一方，清一に痛い目にあわされていた勝郎は，このような清一の横暴にたいする批判を作文に書いてきて皆の前で読もうとする。しかし，結局は仕返しが怖くて読むことができず，自分の弱さを自覚しつつ悶々とした作文を書いて5年生を終える。

これをうけて小西は「正しいことを正しい，悪いことを悪い」といえるようにするのが勉強だと子どもたちに言い，封建社会や明治維新や憲法などについての学習をすすめた。しかし，これを子どもたちの生活に結びつけ生活を変えていく力にすることはできなかった。また，生活綴方をもとに学習をすすめてきたが，それらはもっぱら家庭や村の生活のことにとどまり，子どもたちの身近な生活である学級や学校の生活にあまり着目させてこなかった。このことを反省し，小西は新たな方針を立てる。こうして6年生の5月に話し合いの会をもち，学級生活の諸問題について出し合い，相互批判するなかで，学級に何でも言える雰囲気ができ始める。そして遂に10月に，勝手にルールを破る清一に対して勝郎が批判に立ち上がる。級友も勝郎に味方して，清一は謝罪することになった。こうして「ボス退治」が行われたのだ。

小西の実践だけでなく，当時，『学級というなかま』（戸田唯巳著，牧書店，1956年）や『村を育てる学力』（東井義雄著，明治図書，1957年）などで紹介されたように，学級づくりや仲間づくりに関連する実践が数多く取り組まれた。これらの仲間づくり・学級づくりの実践から明らかになったことを宮坂哲文らは1957年に『日本の教育』のなかで次の3点として整理し，理論化した（宮坂，1957）。

① 学級のなかに，なんでも言える情緒的許容の雰囲気をつくる。
② 生活を綴る営みをとおして，一人ひとりの子どもの真実を発現させる。
③ 一人の問題意識を皆の問題にすることによる仲間意識の確立。

宮坂らは，これらが①→②→③という段階であり，なかでも②が重要であるとした。というのは，「真実＝本当のこと」を言うためには解放された人間関係である①が必要となるし，一人ひとりが本当のことを深くリアルに表現すればするほど，その問題を一人の問題ではなく仲間の問題と考えるようになる③の状態を生み出すからだ。そこから，②の段階の「一人ひとりの子どもが自己の生活の事実をありのままにするすべを身につけ」ることがカギになるとされた。つまり，仲間づくり・学級づくりにおいては，生活綴方の指導こそが実践の焦点になるととらえられていたのである。

3 集団づくり論への転回

大西による『学級革命』批判

先の小西（1955）の実践に対して，「**集団づくり**」の実践を先進的に切り開いた**大西忠治**は批判（大西，1962）を行った。大西に

よる小西への批判は,「仲間づくり」実践の限界と「集団づくり」実践の特徴を浮き彫りにしているので,それを概観してみよう。

大西は,小西がボスとリーダーを対立するものととらえる小西 (1955) の視点を批判する。大西によればボスとリーダーとは容易に相互転化しうるものであり,リーダーになるかどうかは,リーダーとしての個人の自覚だけではなく,その個人をとりまく集団の質に依存するのだと大西はいう。つまり,正しい指導には従うが,間違った指導には従わない集団があってはじめて,ボスとして君臨することが不可能となり,リーダーにならざるをえなくなるということを指摘したのである。「**核(リーダー)づくり**」はボスを育ててしまう危険と常に隣り合わせである(核は,集団の課題に積極的に取り組む子ども＝アクチーフの和訳である)。だからこそ,集団づくりにおいては,核への指導とともに,核に指導される側への教師の指導を重視しなければならないといわれるのだ。

小西 (1955) の実践において核に指導される側への教師の指導が不十分であったことは,ボス退治のプロセスにも現れている。『学級革命』におけるボス退治は,「(清一という) ボスから (勝郎という) リーダーへ」という学級の上層部での権力移行であると見ることもできる。ボス退治が困難だったのは,女子たちがボス退治に中立的立場をとり,リーダーとなる勝郎を支えなかったからである。ボス退治のあと,勝郎が,「先生は……ぼくの心をかえてくださった」と記しているように,勝郎のボス退治を支えたのは学級の仲間ではなく,教師だったともいえる。

これに関連して,さらに大西は,体格が中くらいである清一が,腕力にまさる勝郎をおさえてなぜボスになりえたのかについて,清一が教師である小西の権力を背景にしてボスに君臨していたのでは

ないかと分析している。小西は，教頭の息子である清一に遠慮もあり，それに加えて，学業成績がトップでスポーツ万能である清一に信頼も寄せていた。だから，清一は教師の威を借りることができたし，学級の子どもたちが清一の背後に教師の影を見たから清一に従ったのではないか。つまり，ボス退治は，「小西（教師）の権力を背景とする清一」から「小西（教師）の権力を背景とする勝郎」へと権力が移行したにすぎないと見ることもできる。

　大西は仲間づくりをこのように批判して，教師の権力であれボスの支配であれ，子どもたち一人ひとりにとって不都合な生活を押しつける力に屈することなく，みんなでよりよい生活を生み出していく力を育てることをめざす集団づくりを主張したのであった。教師やリーダーの指導は常に正しいとは限らない。集団づくりは，教師の指導であっても，しばしば不当な力になりうる，というところから出発する。だから，集団づくりでは，いかなる不当な力にも対抗できるよう，子どもたちに集団のちからの自覚を促し，そのちからを自覚的に行使することを課題としたのである。

集団づくりの基本原理　集団づくりの理論と実践は，宮坂らの呼びかけで 1959 年に結成された**全国生活指導研究者協議会**（翌年に全国生活指導研究協議会に改称。以下，「**全生研**」）によって発展させられていく。全生研がめざしたのは自治的で民主的な集団をつくることをとおして子どもたちに自治能力と民主的な人格を形成することであった。ここでいう**自治**とは，外部からの干渉を排して「自分たちのことは自分たちで決める」という自己指導・自己管理を行うことであり，**民主的**とは，集団のメンバーのだれの意見も聴き取られ尊重されるということを意味している。全生

研による「集団づくり」の理論と実践は，まずは『**学級集団づくり入門 第2版**』(明治図書，1971年) に体系化されていく。そこでは，集団づくりにおいてめざされる「**集団**」は，①単一の目標をもつ (客観的・普遍的価値をもつ目標を集団自身が承認・決定し，意思の統一を図る)，②組織と機関がある (自由な討議をとおして総意にもとづいて決定し，決定したことが実行されているか点検，相互批判するために民主集中制を原則とする)，③規律がある (集団の内外から加えられる非民主的な力の支配・統制に対処するためのもの)，という3つの特徴をもつものとされた。

このような民主的集団をつくるために，第1章で述べた「働きかける者が働きかけられる」という原則のもと，**行為・行動の指導**が重視された。行為・行動の指導が重要なのは，①対象に働きかけることで対象を変化させ，その変化した対象が逆に人間に影響を与える (更新された社会的関係が働きかけた人の思想や行動を規定する)，②行動する過程で働きかける力量が獲得される (社会的関係を民主的に変化させるための力量が獲得される) からである。

全生研は，このような民主的な集団を生み出すための行為・行動の指導を，「**班づくり**」「**核 (リーダー) づくり**」「**討議づくり**」という3つの側面でとらえ，それらを「よりあい的段階」「前期的段階」「後期的段階」という時系列でどのように指導するのかという「構造表」を示すことで体系化した。

「集団のちから」と「学級集団づくり」

「集団づくり」のこのような思想と方法は，大西による「『学級革命』批判」に見られるように，いわば，教育実践の目的・内容・方法にかかわる論争のなかから生まれてきたという面もあるが，

他方で，当時の歴史的・社会的な要因にも強く規定されている。第1に，当時，**マカレンコ**（A. C. Макаренко）らによる**集団主義的教育**の理論が日本に紹介され，その実践的・理論的先進性に注目が集まっていたという事情がある。第2に，当時，「勤評闘争」に見られるように，労働者を分断（仲間割れ・内輪もめ）させようとする権力的な力の支配・統制が進められようとしていた。教師たちがそれに対抗する労働運動に参加していくなかで，団結するという民主主義を守るためのモラルと方法が自覚されるとともに，そのなかで集団主義の理論・実践の有効性が確認されたという事情もあった。第3に，「高校紛争」に見られる生徒の要求実現運動にたいして，権力的な抑圧が行われるなかで，これと闘うための団結の必要性などが自覚されるようになっていたという背景もあった。

このような時代状況のなかで，当時の集団づくりは，集団の団結を分断しようとする力に対抗するための組織的な行動のあり方，団結の仕方＝「集団のちから」に重点を置くようになった。集団のちからとは，集団を抑圧しようとする集団外部にたいして集団が一致団結して対抗するための「外に向けて」のちからと，集団の弱さや不一致を突かれて外部から切り崩されないようにするために集団のメンバーを統制する「内に向けて」のちからからなる。そこから発展して，さらに集団づくりは，自治集団（自分たちのことを自分たちで決めていくことのできる集団）を運営する力＝集団を自分たちでコントロールしていく力を**民主的統治能力**（ここでいう統治とはリーダーが集団の目的と行動に関する提案権と執行権を行使することであり，それが民主的というのは，そのような権力をもつリーダーを集団成員全員が対等・平等な立場で任免できることである）と考え，それらを育てる教育実践として構想されていった。その際，集団づくりの実践は，後

には学年集団，全校集団に展開していくにしても，子どもたちの日常の学校生活の単位が学級であるので，「<u>学級集団づくり</u>」として定式化されていくこととなった。

4　生徒指導理論の展開

生徒指導論は，「不適応」を社会の問題とは見ないで個人の問題ととらえる点や，個人資料の保管・活用などについて論じられている点ではガイダンス理論を継承したものであるといえる。

生徒指導理論にかかわる基本文献としては，**『生徒指導の手びき』**（文部省編，1965年，以下『手びき』と略），**『生徒指導の手引（改訂版）』**（文部省編，1981年，以下『改訂版』と略），**『生徒指導提要』**（文部科学省編，2010年，以下『提要』と略）がある。これらは微妙に変化しつつも，本質的には一貫した考え方にもとづいている。以下，その本質が『手びき』から『提要』にどのように受け継がれてきているのかを論じていく。

『生徒指導の手びき』の基本原理

『手びき』は，生徒指導に関することを総花的に取り上げているため，矛盾も含み込んでいるが，『手びき』のなかで，これらを統一する原理を見出すとすれば，「**社会化**」と「**適応**」であろう。

『手びき』は「第2章　生徒指導の原理」において次のようにいう。

> その社会において共通に認められている価値に一致する行動には，こどもの自発性に基づくものもまったくないではないが，一般的に

> はその大部分は，模倣や同一化に基づいて，親やその他おとなの行動様式を取り入れることによって，こどもの身についてくるものであり，それは，いわば社会化の結果である。（文部省，1965，11頁）

　もちろん，子どもの発達は大人を模倣しながら行われる面があることは事実である。しかし，社会に共通に認められている価値や親や大人の行動が，本当に好ましいものとは限らない。男女，人種，階級間での差別のある社会や，民主的でない封建的なしきたりがある社会で，同一化，社会化していくのだとすれば，それは差別や非民主的な社会の再生産でしかない。『手びき』は，現在の社会に存在する価値や行動様式を無条件に前提とすることで，社会生活をよりよいものに改善していく主体の契機を排除している。

　また，このことは，「青年期の心理と生徒指導」の章にも見て取れる。そこでは，自己の欲求と社会の要求との間に矛盾があるとき，「自己の欲求を満足させるか社会の要求を満たすか」と二律背反的にとらえられている。そして，個人の欲求が満たされずに生じる諸問題は，反社会的行動あるいは非行，さらに非社会的行動ないし神経症」とされる。ここでは，欲求が満たされないことに「耐える力」が推奨され，それができている者が「健康」であり，できない者が「不健康」であるとされる。

　なるほど，『手びき』等には，自主性や個性等の項目もある。しかし，これらは基本的に，既存の社会に適応させるために，いかにすれば能動的に適応するかや，適応させるためにそれらをどのように利用するのかという位置づけを超えるものではない。

4 生徒指導理論の展開

『生徒指導提要』における適応主義の強化

『提要』は、上記の、既存の社会のルールや慣習に適応することをよりいっそう強く打ち出している。『手びき』も『改訂版』も「学校における生徒指導体制」の章では、学校の状況を見つつ、生徒指導主事の職歴、年齢、人物、技能などを考慮しながら、柔軟に組織体制を取ることを許容していた。ところが、『提要』になると、「当たり前にやるべきことは、当たり前にする」「してはいけないことはしない」など生徒指導にあたっての基本方針を明確にして、「校長・副校長、教頭などの指導のもとに、生徒指導主事をコーディネーターとするマネジメント」をとおして、一貫性のある指導を要求する。さらに、「『どのような児童を育てるか』という目標のもと、児童生徒に対して、毅然とした粘り強い指導が必要」と述べる。

「当たり前にやるべきこと」「してはいけないこと」をだれが決めたのか、は問題とされない。主として校長や生徒指導主事が考える「当たり前」を子どもたちの到達すべきゴールであると全教員が共通理解をし、毅然とした指導をとおして、有無をいわせず子どもたちをその鋳型にはめ込んでいくことが生徒指導であるというわけだ。『提要』が教育相談や発達障害の知見を取り入れていようとも、「まえがき」において「規範意識や倫理観の低下」「より組織的・体系的な取り組み」ということが強調されているように、子どもたちを組織的・体系的に既存の規範に適応させることが『提要』の中心部分であるといえよう。

最後になるが、これらの時代背景を見ておきたい。『手びき』は、教育の民主化を逆戻りさせようとする反民主主義的・軍国主義的な教育政策への抵抗運動が高揚したなかで登場し、『提要』は格差と貧困が大きな社会問題となったなかで登場してきた。ともに社会へ

の不満や批判が噴出するなかで、その社会への「適応」を強調していることに注目する必要があるだろう。

5 生活指導における今日の課題

>毅然とした指導の流行

戦後の教育界では、文部（科学）省→教育委員会→管理職→一般教員という権力的な上下関係が強化されてきたため、文部科学省による教育政策として提起されてきた生徒指導は強い影響力をもつ。とりわけ、『生徒指導提要』に示された「毅然とした指導」が学校現場に広がりつつある。「**毅然とした指導**」とは、「**ゼロトレランス**」（無寛容）という言葉に象徴されるように、基本的に、子どもの行動の背後にある事情に聞く耳をもたない指導である（*Column*③も参照）。たとえば、ある子どもが家庭で大変なことがあって学校で荒れていようが、ふざけて荒れていようが、理由の如何を問わず同じような「問題行動」には同じように対処するということだ。

「毅然とした指導」の広がりにはいくつかの背景がある。第1に、子どもに寄り添わない指導に違和感を抱いたとしても、教員評価があるなかで管理職や生徒指導主事から提案されると従わざるをえないという事情がある。第2に、最近の成果主義やその1つの形式であるPDCA（plan, do, check, action）サイクルの流行によって、すぐに成果が出なければならないという強迫観念が学校や教師の間に広がっている。荒れている子どもの事情を聴きながら、その子のなかにある前進しようという面を励ましていくには根気づよい指導が必要になる。しかし、短期の成果が求められると表面的に「きちんと

していること」を求めてしまいがちだ。第3に，子どもの成長を長い目で見て指導するには，指導の見通しや，個々の子どもの事情をつかむ努力も必要だ。ところが，「毅然とした指導」はこのような努力をそれほど必要としない。ゆえに，「毅然とした指導」は，長期的な実践の見とおしがもてない教師や多忙化した教師に受け入れられやすいという事情もある。

しかし，「毅然とした指導」は，子どもたちを教師の管理のもとに表面的に従わせているだけである。子どもたちが必ずしも納得しているわけではないし，自分たちの判断で自立的に行動できるように育っているわけでもない。だから，「毅然とした指導」を基本とする限り，教師は子どもたちを管理し続けなければならなくなる。指導とは，指導される者が最終的に自己指導できるようにすることであるならば，「毅然とした指導」は指導と呼ぶには値しないだろう。

学級集団づくりにおける困難

では，先述した「学級集団づくり」は，「毅然とした指導」の問題点を完全に克服しているといえるだろうか。近年，従来の学級集団づくりの手法では実践がうまくいかない事例が多数報告されるようになってきた。これは従来の学級集団づくりの手法では，必ずしも教師に指導の見とおしを与えてくれなくなってきたことを意味している。また，従来の学級集団づくりが指導の見とおしを与えていたとしても，教師がもっている学級集団の発展段階のイメージに沿って子どもたちを動かしているだけであって，子どもたちが自分たちの要求や本音にもとづきながら生活をつくりかえているとは言い切れない場合もありうる。仮に，教師の敷いたレールの上で

の学級集団の発展なのだとすれば，それはソフトな形での毅然とした指導なのかもしれない。

　学級集団づくりが困難になってきたのには，2つの原因が考えられるだろう。第1に，先述した通り，学級集団づくりが民主的統治能力の育成をめざすものであったために，ともすれば民主的統治能力の育成が優先され，活動内容が貧困になりやすいという問題である。学級集団づくりの実践においては，リーダーを選ぶ力を育てる，リーダーの資質を高める，班の団結や協力を生み出す，という民主的統治能力の育成が主要目標となり，活動がその手段になってしまうという倒錯が少なからず見られた。1970年代頃までの子どもたちはまだこのような統治のための活動でも積極的に参加したが，現在の子どもたちは，このような活動に積極的に参加しなくなってきたため，従来の集団づくりが困難になっているのだ。

　第2に，人びとの**集団観**が大きく転換したことも挙げられる。学級集団づくりは，集団には一致した目的と要求があるという集団観に立っていた。たしかに，第1次産業の就業人口が多数を占めた時代や第2次産業の就業人口が多数を占めた時代には，子どもたちの家庭生活も日常経験も将来像も共通したものが多かったので，学級で統一した目標を立て統一した活動に取り組んでも，子どもたちはさほど違和感をもたなかっただろう。しかし，脱工業化社会になり，労働形態が多様化するなかで，子どもたちの家庭も経験も将来像も多様化した。ある問題では一致できるが，別の問題では一致できないという事態も広がってきた。必ずしも共通の利害関心をもつ者の集まりではない学級のなかで，1つの目標を設定し1つの活動に取り組むことの齟齬は覆い隠せないものになってきた。

子ども集団づくりへ　こうした状況では学級集団づくりは困難となる。実際、従来の『学級集団づくり　第2版』が提案している手法では、実践が行き詰まることも報告され始め、状況に合わせながら理論的な転換が試みられてきた（『新版 学級集団づくり入門 小学校編』明治図書、1990年、『新版 学級集団づくり入門 中学校編』同、1991年）。

これらの当面の到達点として、学級集団づくりから**子ども集団づくり**への転換が図られつつある（『子ども集団づくり入門』明治図書、2005年）。これまでは、学級を単位に実践が構想されたが、学級の内外の同じ**要求**をもつ者同士が、要求を実現する活動を行いながら、その過程で民主的な組織や運営のあり方を生み出していくという転換である。もちろん、学級単位の活動を排除するわけではないが、それらと並行して、学級内クラブなど小集団の活動、学級や学校を超えた有志活動やボランティア・グループなど、子どもたちが生活に働きかけることをとおして生活を変革する多様な活動を組織していくという構想である。

子どもたちが出ていく大人の社会は多層性をもっており、個人の要求にもとづく活動と、グループの要求にもとづく活動と、地域の自治会などの原則全員加入型の活動との間には、しばしば軋轢など調整が必要なことが存在する。このことは、子どもたちの生きている世界でも同様だろう。そうだとすれば、子どもたちは、自らの多様な要求＝幸福追求をできるだけ実現できるように多層的な社会のなかで民主的に問題を解決し、それらの諸関係を調整・統治していく能力を形成することが求められるだろう。子ども集団づくりは、このような幸福追求権を基礎にして重層的な関係のなかでの民主的統治能力の形成をめざすのである。

Column② 石川達三『人間の壁』(新潮社, 1961年) を読む

『人間の壁』は, 石川達三によって 1957 年 8 月～59 年 4 月まで朝日新聞朝刊に連載された教育小説である (1961 年に新潮社から単行本として出版された)。当時佐賀県で実際にあった教師の大量解雇等の合理化に対する教職員組合の労働争議に取材して書かれている。1959 年に映画化もされ, 現在は DVD での入手が可能である。

県の財政逼迫を理由に突然退職勧告を受けた主人公の尾崎ふみ子。教職員組合が反発して退職勧告を返上するなか, それまで組合活動に無関心だったふみ子が, 組合活動に深くかかわるようになる。退職勧告が民主教育に危機感をもつ保守政党による画策であることを知り, 教育と子どもたちの未来を守るために闘うことの重要性に目覚めていく物語だ。

この小説は, 戦後再出発した日本の教育において, 教師や子どもたちがどのような状況に置かれていたか, 教師が日々何を考えて教育実践していたかを知る貴重な資料といえるだろう。

また, この小説を, 戦後生活指導の歴史と関連させて読むならば, なぜ 1960 年代に文部省 (当時) から適応主義的な生徒指導理論が提唱されたのかを理解する一助にもなろうし, 教師たちがなぜ集団づくりにおいて「集団のちから」を重視したのかを考える手がかりにもなるだろう。

この小説は, 教育の本質, 戦後教育史, 教師論, 教育の政治性等について考えるさまざまな材料を与えてくれる。現在は絶版になっているが一読の価値がある。

引用文献

大西忠治 (1962)「『学級革命』批判」『生活指導』39 号。
小西健二郎 (1955)『学級革命——子どもに学ぶ教師の記録』牧書店。
全生研常任委員会 (1971)『学級集団づくり入門 第 2 版』明治図書。
全生研常任委員会 (1990)『新版 学級集団づくり入門 小学校編』明治図書。
全生研常任委員会 (1991)『新版 学級集団づくり入門 中学校編』明治図書。
全生研常任委員会編 (2005)『子ども集団づくり入門——学級・学校が変わる』明

治図書。

竹内常一（1995）『竹内常一 教育のしごと』第1巻，青木書店。

日本教職員組合編（1957）『日本の教育』第6集，国土社。

宮坂哲文（1968）『宮坂哲文著作集』第1巻，明治図書。

宮坂哲文ほか（1957）『日本の教育』国土社。

無着成恭（1951）『山びこ学校』青銅社（岩波文庫，1995）。

文部省（1949）『児童の理解と指導』師範学校教科書。

文部省編（1965）『生徒指導の手びき』大蔵省印刷局。

文部省初等中等教育局（1950）『中学校・高等学校の生徒指導』日本教育振興会。

吉本均責任編集（1987）『現代授業研究大事典』明治図書。

Allen, R. D. et al.（1933）*Common Problem in Group Guidance*. Inor publishing company.

第4章 子どもの権利と生活指導

権利行使主体を育てる

(出所) Wikimedia Commons
子どもの権利条約の父と呼ばれる，ヤヌシュ・コルチャック

First Question

① 子ども観によって教育のあり方がどのように変わるだろうか。
② 子どもの権利にはどのような種類があるのだろうか。また子ども固有の権利とは何だろうか。
③ 日本では子どもの権利はどの程度保障されているのだろうか。

1 子ども観と子どもの発達課題

> 子どもの発見

啓蒙思想が開花し,民主主義とは何かが議論されているヨーロッパで,一人の思想家が「子ども」を「発見」した。その思想家の名は**ルソー**(J.-J. Rousseau)。彼は『社会契約論』を出版した1762年に『エミール,または教育について』という教育小説を著し,当時の子ども観を次のように批判した。

> 人は子どもというものを知らない。子どもについて間違った観念をもっているので,議論を進めれば進めるほど迷路に入り込む。このうえなく賢明な人々でさえ,大人が知らなければならないことに熱中して,子どものうちに大人をもとめ,大人になるまえに子どもがどういうものであるかを考えない。 (ルソー,1962,18頁)

ここに見られるのは,子どもは「小さな大人」や「できそこないの大人」ではなく,子ども時代を生きる固有の存在としてとらえなければならない,という思想だ。大人を基準にして子どもを見れば,子どもは半人前,不完全であり,欠点ばかり目につく存在かもしれない。そうすると,教育は,子どもが早く一人前の大人になれるように仕事に必要な知識や技能や体力をつけさせるものになってしまうのだが,ルソーはそれに異議を唱えた。この思想はその後,多くの教育思想や実践に受け継がれることになった。たとえば,世界ではじめて幼稚園をつくった**フレーベル**(F. W. A. Fröbel)は主著で次のようにいう。

> しっかりと，自発的に，黙々と，忍耐づよく，体が疲れるまで根気強く遊ぶ子どもは，きっと，また有能な，黙々として忍耐づよい，他人の幸福と自分の幸福のために献身する人間になることであろう。
> (フレーベル，1960，50頁)

　幼児期には幼児期に必要な活動があり，課題がある。それを十分にやりきることこそ，人間を人間に育てるのだ，というわけだ。

子どもの発達課題

　子ども時代には子ども時代にふさわしい活動を行う必要がある，という子ども観は，その後，心理学研究などをとおして発達段階，発達課題，発達の節などの言葉で学問的にも裏づけられ，発展させられてきた。それでは，子どもたちはそれぞれの発達段階でどのような発達課題を達成していくのだろうか。心理学的には，対物認識と対人認識が複雑に絡み合って発達するのだが，ここでは，**生活指導**と関連する観点からごく概略のみを示してみたい。

　乳児期には，何よりも**基本的信頼感**の獲得が重要であるとされる(エリクソン，2011)。乳児は生理的欲求（空腹感・不快感）を泣く・むずかるなどの方法で表現し，養育者はそれに応える。これらの行為の繰り返しのなかで乳児は，「自分が大切にされている」と感じ取っていく。これが基本的信頼感である。また欲求を出せば満たされるという経験を繰り返すなかで，自分が世界の中心であるという自己中心性，何でもできるという万能感を獲得していく。

　基本的信頼感を獲得し，いつでも戻れる根拠地を得た子ども，そして，万能感をもった子どもは，外的世界に積極的に働きかけていく。このなかで，知的・精神的・身体的発達が達成されていく。し

かし，活動的な幼児期を迎えると，万能感をもった子ども同士が出会うことになる。この出会いをとおして子どもは自分とはちがう他者を発見し，自己中心性を脱却し始める。さらに遊びが個別的なものから集団的なものへと発展していくなかで，遊びを楽しむためにルールに従うことを覚えるようになってくる。

　幼児期の自己中心性からの脱却に始まり，ルールに従うことに習熟していくという発達を経て少年期が到来する。小学校中学年から高学年にかけてギャングエイジと呼ばれる時期を迎えるが，子どもたちは大人に隠れて一定数の仲間とともに閉鎖的な集団をつくる。ここで子どもたちは集団に独自の掟などをつくり，役割分担を行うなどしながら「われわれ意識」を確認し合う。

　思春期になると，第2次性徴による身体的変化，知的・精神的な発達，周辺人(マージナルマン)という社会的な位置への変化をとおして，既存の社会や大人に対する違和感をもち始め，異議申し立てを試みるようになる。力の差のある大人と対峙するために，児童期に獲得した「われわれ意識」を土台にして，理想を語り合う親密な仲間を形成しながら反抗期を過ごしていく。このなかでのさまざまな社会への働きかけをとおして多様な力を獲得していくことになる。

2　子どもの発達する権利と生活指導

発達する権利の危機　　子どもたちは，1つの発達段階での成果を土台に次の発達段階を乗り越えていく。だから子どもにとって，各発達段階での課題を達成することは発達にとって欠くべからざる権利である。

ところが、このような発達権が保障されない事態が広がってきている。格差と貧困が悪化する現代日本で、親の貧困と多忙や疲労から十分な養育が保障されなかったり、虐待を受けたりする子どもの増加が懸念されるなど、乳児期に基本的信頼感を形成できない状況が広がりつつある。また、競争的な教育と社会のなかで、子どもを「勝ち組」にする／「負け組」にしないため早期教育に駆り立てられ、能力主義的に子どもとかかわる親もいる。このとき、子どもに無条件に愛情を注ぐのではなく、何かができたときだけ子どもを受容するなど、選択的に愛情を示す親も出てくる。そうなると、親に見捨てられたくない子どもたちは、自分の欲求を抑圧して、親の期待に応えようとするようになる（竹内, 1987）。

　基本的信頼感が形成されないことで、見捨てられ不安を抱く子どもは、積極的に外的世界にかかわっていけないし、常に親など他者の顔色をうかがうようになる。そうなると、他の子どもと要求をぶつけ合いながら「自分とは異なる他者が存在するのだ」ということに気づいていくことも困難になる。

　さらに、児童期になると、現代の日本の管理的・競争的な学校のなかで、教師への**忠誠競争**と**能力主義競争**にからめとられる。すでに大人の顔色をうかがうことを覚えた子どもたちは、教師の求める「よい子」を演じようとするだろう。学校の管理的・競争的な秩序は、子どもたちに、一方では規格品のように全員一律の行動を要求しながら、他方で、他者を優越感や劣等感を抱く対象として見るよう迫る。保護者も、わが子の学力やスポーツの成績に対するこだわりをますます強めているため、子どもたちは欲求・要求をいっそう抑圧しなければならなくなる。親の期待に応えきれず小学校のときから早々と自分の能力を見限り、あきらめる子どもも出てくる。ま

た,放課後も,塾やスポーツ少年団等で常に大人の監視と管理のもとに置かれ続ける。大人の目から隠れて徒党を組み,自分たちで活動を生み出し,ルールをつくるといったギャングエイジに特徴的な自治的世界をつくる時間と空間は縮小され,子どもたちは児童期に乗り越えていくべき発達課題から遠ざけられていく。

思春期を迎える中学校では,さらに権威的・競争的秩序が強化され,内申書や高校への各種推薦制度などによって教師や学校など既存の社会への批判と反抗が封じ込められることになる。

以上のような,子どもたちの発達権が阻害された状況は,子どもたちの間にさまざまな困難を引き起こし,たとえば次のような子どもを生み出していく。

- 欲求・要求を抑圧し続けてきたことでトラブルを内側にかかえこみ,チック症状など身体症状や不定愁訴として表出する子ども。
- 基本的信頼感がないために**自己肯定感**が低く,常に他者の顔色をうかがっているために過度に傷つきやすくなり,小さなことで大きく傷つく子ども。
- ルールに従うことに習熟していなかったり,過度に勝ち負けにこだわるために,遊びやスポーツで自分が負けそうになるとキレてしまったり,急にルールを変えてトラブルを起こしてしまう子ども。
- 自らを大人や教師から与えられた一律の基準に閉じ込めるとともに,他者の事情にはいっさい配慮せず,他者に一律の行動を要求し,そこからはみ出す者を徹底的に排除・攻撃しようとする子ども。
- 人間を上下関係で見てしまうために他者を見下すことで優位に

立とうとする子ども。

このように、学校で子どもが起こすさまざまなトラブルや「**問題行動**」は、それぞれの発達段階でのゆがみ、もつれ、そびれに起因していることが多い。そうだとすれば、子どもが起こすさまざまなトラブル・「問題行動」は、排除したり抑圧したりすべきものではなく、奪われてきた発達のゆがみをただし、もつれをほどき、そびれを取り戻そうとする子どもたちの存在要求であり、発達要求であるととらえるべきものなのだ。

発達する自由を保障する

ところで、子ども観や発達観とは別な文脈で、日本国憲法13条に、「すべて国民は、個人として尊重される。生命、自由及び幸福追求に対する国民の権利については、公共の福祉に反しない限り、立法その他の国政の上で、最大の尊重を必要とする」と規定されているように、そもそもすべての人間には**自由権・幸福追求権**が保障されなければならない。すべての人間には当然子どもも含まれる。

従来、「人間の尊厳」は、自立能力をもつかどうかという観点から規定されていたために、経済的自立が困難であった女性や子どもはその対象から排除されていた。しかし、女性やマイノリティなど当事者運動の成果もあり、近年の人権概念では、人間の尊厳は「〈自律的に生きようとする姿勢・努力・可能性〉、**《人格的自律権》**=〈人生の自己選択・自己形成権〉の主体であること」を根拠とするようになってきた（喜多ほか、1996）。

ところで、子どもに自由権を認めると、子どもにワガママを許してしまうのでよくない、という主張を耳にすることがある。この問題をどう考えたらよいのだろうか。憲法13条から考察すると、た

とえワガママであっても最大の尊重が必要だと解釈できる。なぜなら，国家や社会は，一人ひとりのワガママをよりよく保障するためにつくられたものだからである。『リヴァイアサン』を著して**ホッブズ**（T. Hobbes）が主張したように，社会契約とは，万人がより自由を獲得するために行われるものである。ある個人の幸福追求が他者の幸福追求と対立したときに，闘争状態を回避し，両者の幸福を可能な限り実現する仕組みとして民主的な社会制度が発展してきた，というのが近現代的社会観である。

自由権・幸福追求権は，子どもたちが民主主義について学び，その担い手になるためには不可欠である。子どもたちが民主的な制度や民主的な行動様式を学ぶためには，子どもたち自身が自由権・幸福追求権を行使しながら，民主的な仕組みや手続きを生み出し，その有効性を実感できることが重要である。子どもたちはそうしてはじめてその制度を支え，活用しようとする市民として育ちゆく。自由権は公共の福祉によって制限されるといわれるが，公共の福祉とは「ある個人の自由の追求が，他の個人の自由の追求を妨げたり，他の個人を不幸に陥れないように」という意味である。だから公共の福祉について学ぶためにも，自由権と幸福追求権の行使をとおして他者と対立の経験をもつことは必要なのだ。

また，既存の**民主主義**のルールを学ぶという意味を越えて，社会を発展させていくためにも，子どもの自由権と幸福追求権の保障は重要である。既存の社会のルールを子どもたちに習得させるだけでは古い社会が再生産されるだけとなり，人間社会は発展してこなかっただろう。社会とかかわる者が自由権を行使して，既存のルールを問い直し，場合によっては既存のルールの変更を迫ることをとおして，社会は少しずつ民主化されてきた。そして現在もさらなる民

主化の途上にある。そうであるならば、社会化されていない者、とりわけ社会の周縁部に置かれているマイノリティや弱者が、マジョリティに同化させられるのではなく、自由権を行使して既存の社会のルールを問い直すことは、民主主義社会の発展にとっても重要なのである。それだけではなく、新しい社会を生み出すことによって、子どもたちはさらに自らが発達する条件を生み出すことになる。

以上のように自由権・幸福追求権を行使するなかで子どもたちは、民主的な社会の担い手として発達するのであり、同時に、自らを規定する社会の枠をつくりなおすことで、よりいっそう自由に発達できるのである。

3 子どもの権利条約と生活指導

権利行使主体としての子ども

「子どもの権利条約」は、以上のような、人文学、心理学、社会科学の研究成果や、弱者の立場に置かれてきた子どもの権利を求める社会運動の現時点での1つの集大成として1989年に国連総会において採択され、1990年に発効した(なお、政府訳では「児童の権利に関する条約」となっているが、本章では原文に最も忠実な訳である国際教育法研究会訳を用いる:竹内、1994)。

これまでにも、子どもに関する宣言や法律は多数つくられてきたが、それらは、子どもたちを**保護されるべき存在**として位置づけてきた。たとえば、国際連盟による「**子どもの権利に関するジュネーヴ宣言**」(1924年)は、「大人が子どもを保護する必要を自覚」と述べていたし、国際連合による「**世界人権宣言**」(1948年)は「母と子

とは、特別の保護及び援助を受ける権利を有する」とし、同「子どもの権利宣言」(1959年) は、基本的に子どもたちを「**保護される対象**」と位置づけている。わが国の「**児童憲章**」(1951年) も、各項目の語尾は「保証される・与えられる・まもられる」等となっている。

これに対して、「子どもの権利条約」は、子どもの「保護される権利」は継承しながらも、人類史上はじめて、子どもを権利の行使主体として位置づけたことに大きな特徴がある。たとえば 12 条 1 項は次のように規定されている。

> 締約国は、自己の見解をまとめる力のある子どもに対して、その子どもに影響を与えるすべての事柄について自由に自己の見解を表明する権利を保障する。その際、子どもの見解が、その年齢および成熟に従い、正当に重視される。

ここに見られるように、子どもは**意見表明**の権利行使を保障されている。これ以外にも、国際人権規約（1966年採択・1976年発効）に示されているような諸権利が子どもに対して幅広く保障されているのが特徴だ。生活指導と関係が深いものとしては、「生命の権利、生存・発達の確保」(6条)、「表現・情報の権利」(13条)、「思想・良心・宗教の自由」(14条)、「集会・結社の自由」(15条)、「社会保障への権利」(26条)、「生活水準への権利」(27条)、「教育への権利」(28条)、「休息・余暇、遊び、文化的・芸術的生活への参加」(31条) 等がある。

子どもたちにこれら諸権利の行使を保障し、子どもたち自身がこれらを行使しながら社会制作に参加しつつ、子どもの意見も取り入れられた社会の実現を図っていくということが、「社会の進歩および生活水準の向上をいっそう大きな自由の中で促進」(前文) する

ために必要不可欠であると考えられているのである。

子どもの権利条約への日本政府のスタンス

日本政府は、子どもの権利条約の採択5年後の1994年4月に158番目の批准国となった。批准・発効して1カ月もたたないうちに文部科学省は以下のとおり、この条約が発展途上国向けのもので日本にはあまり関係ないものであるかのように読める通知を出した（この通知でいう「児童」は、条約のいう18歳未満の子どもを指す）。

> 本条約は、世界の多くの児童が、今日なお貧困、飢餓などの困難な状況に置かれていることにかんがみ、世界的な視野から児童の人権の尊重、保護の促進を目指したもの
> （文部事務次官通知、1994年5月20日）

この通知では、さらに以下のように、内容によっては意見表明権を認めず、学校側が子どもに一方的に指導・指示等ができるものがあるかのようにさえ述べている。

> 意見を表明する権利、表現の自由についての権利等の権利について定められているが、もとより学校においては、その教育目的を達成するために必要な合理的範囲内で児童生徒等に対し、指導や指示を行い、また校則を定めることができるものである

こうした基本的スタンスから、たとえば第3章で挙げた『生徒指導提要』においては、子どもの意見表明権の第2項で定められた以下の文言に抵触する「毅然とした対応」が推奨されることになる。

> 自己に影響を与えるいかなる司法的および行政的手続においても、

> 直接にまたは代理人もしくは適当な団体を通じて聴聞される機会を与えられる

また，条約の 42 条には，以下のように，条約広報義務が課せられている。

> 締約国は，この条約の原則および規定を，適当かつ積極的な手段により，大人のみならず子どもに対しても同様に，広く知らせることを約束する

しかし，日本の学校において，子どもの権利条約を広く知らせる措置が十分であるとはまだいいがたい状況にある。

子どもの権利委員会から日本政府への勧告

子どもの権利条約は 44 条において締結した国に定期的に条約遂行に向けた実施状況を国連子どもの権利委員会に報告することを義務づけている。ここでは，政府の報告だけでなく，NGO（非政府組織）からのカウンター・レポート（政府とは異なる立場から提出するレポート）も受けつけており，それらをもとに，国連の子どもの権利委員会が各国の履行状況を判断し，各国に対して助言・勧告などを行うことになっている。

これまで，国連子どもの権利委員会からは，日本政府に対して「学校において子どもの意見が重視される分野が限定されていること」や「権利を有する人間として子どもを尊重しない伝統的見解のために子どもの意見の重みが深刻に制限されていること」への懸念，「高度に競争的な学校環境が就学年齢層の子どものいじめ，精神障がい，不登校，中途退学および自殺を助長している可能性があるこ

と」の懸念などが繰り返し表明され、子どもの休息と余暇が十分に保障されていないことに関する勧告「子どもの権利委員会の総括所見：日本（第3回）」が出されている。

　法学的には、国際条約は憲法の次に位置し、国内法に優越するものであることから、日本政府の対応は国際的に見て不誠実なものといえるだろう。それ以上に問題なのは国際的な信義にもとるというだけにとどまらず、子どもの発達と社会の発展を阻害していることであろう。

> 権利の保護対象か、権利行使主体か

　ところで、子どもの権利条約は、子どもを**権利行使主体**として位置づけるとともに、保護される権利という考え方も含んでいる。それはなぜだろうか。第1に、子どもは基本的人権をもった存在であるが、同時に、成長・発達段階にあり、それに必要な条件を提供される権利をももっているということを意味するからである。このことは、子どもたちの権利行使のなかに、自らの権利を保障するよう要求する行動が含まれることを意味する（6条、26～28条）。また第2に、子どもは間違え、失敗しながら学び、成長するものだからである。子どもたちがとりあえず自由権や幸福追求権を行使してみたとする。その結果、失敗して他人の自由権を侵害してしまうこともあるだろう。このとき、「間違いは許されない」とか「だから子どもの権利行使は認められないのだ」としてしまうと、子どもは間違わないように過度に大人の言いなりになるしかなくなる。そうではなくて、そのときに何が間違っていたのか、どうすればよかったのかを考える機会を保障すること、次の機会に新たな権利の行使の仕方を試してみることを保障することこそが、教育の固有の役割な

図 4-1 子どもの権利と教育と社会の関係

```
┌──────┐ なりたい自分になる権利    ┌────┐ 権      ┌────┐
│ 自由権 │─────────────→│ 生活 │ 利      │    │
└──────┘                          │ 指導 │ 行      │ 発 │
┌──────┐ 保護される権利           │    │ 使   ──→│ 達 │
│ 社会権 │ 保護を求める権利  ────→│    │ 主      │ 権 │
└──────┘                          └────┘ 体      └────┘
                                         を
   ⇑                                     育
 人間観・社会観                     子ども観・発達観
```

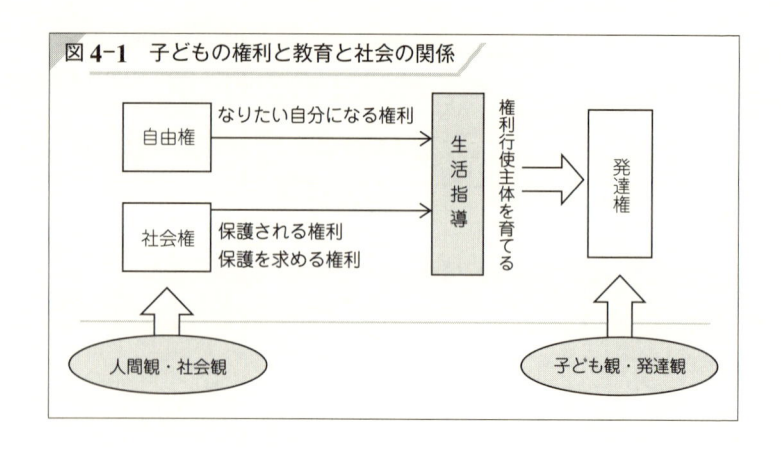

のだ。

　この点で，少年法の厳罰化や，いじめ議論で見られる「他人に危害を加えた子どもは暴行・傷害罪で即逮捕すべき」という言説のように，学校に社会と同じルールを求め，子どもの非行を大人の犯罪と同様の法や手続きで処分することは，子どもの発達する権利を奪うことになる。この場合，むしろ問題なのは，子どもの間違いや失敗ではなく，取り返しがつかなくなるほど重篤化するまで子どもの間違いや失敗を見逃したり，放置したりしてしまうことであり，間違ったり失敗したときに叱責・非難するのみで，子どもが納得できるように指導できていないことであろう。

　さしあたり，これまでの子ども観と社会観，心理学と社会科学，**発達権**と**生存権**，自由権・幸福追求権などの関係を図式化すると，おおよそ図4-1のようになるだろう。

　この図が示しているのは，子どもたちには「なりたい自分になる権利，やりたいことをやる権利」としての自由権・幸福追求権と，「保護される権利，保護を求める権利」としての生存権・社会権と

があり、生活指導という営みを通じて、子どもたちに権利の行使の仕方を教えつつ、権利行使主体としての自覚を促すことであり、生活指導をとおして子どもたちの発達権が実現されるということを表している。

4 子どもを権利行使主体に育てる生活指導実践

権利行使の仕方を教える

すでに見てきたように、発達と生存の条件を幾重にも奪われている現代日本の多くの子どもたちは、トラブルや「問題行動」など多様な形で**異議申し立て**（第7章2節を参照）を行っている。このトラブルや「問題行動」といった形での異議申し立ては、子どもたちによる無意識の意見表明権の行使と受けとめるべきである。子どもを権利行使主体にする生活指導実践は、この事実から出発しなければならない。

しかし、多くの場合、子どもたちは自分の行動を異議申し立てであるとは自覚していない。また、一面的な子ども観しかもたない教師や周りの子どもも異議申し立てとして受け取らず、むしろ「いやな子だ」「わがままな子だ」「困った子だ」ととらえるだろう。

そこで、教師は、これが異議申し立てであることを示していかなければならない。そのさいに重要となるのは、「問題行動」をたんに叱責の対象にとどめず、分析の対象とすることだ。ある子どもが隣の子どもに暴力をふるったとする。その行動自体は問題なので批判しなければならない。しかし、ただ叱責して形式的に謝らせてもその子どもは納得しているとは限らない。まずは、その子が暴力を

とおして何を表現しようとしていたのか（理由や気持ち）を問うことが必要である。

　ただ，暴力的になっている子どもは，自分の行動の理由を言葉でうまく説明できない場合が多い。そういう場合，教師は，子どもが行動の意味を言語化するのを手助けし，何が原因で，なぜ暴力という行動に及んだのかを自覚させる指導が必要である。行動のわけを聴き取られるなかで，無自覚な行動のわけが言語化される。また，理由が明確になったときに，選択した問題解決の手段（この場合は暴力）が適切であったかを考え，「暴力ではない別の方法」を発見していくのだ。こうしたプロセスを繰り返すことで，子どもたちは，平和的方法で権利行使できるように育っていくのである。

　そのさい，子どもの行動の意味の分析は，教師だけが行えばよいのではない。ある子が行った暴力や暴言を周りの子どもたちにも「なぜあの子は○○したのだろう？」と分析させてみることが必要だ。とりわけ，子どもがキレたとき，キレたことだけが問題視されがちだが，周りの子からちょっかいを出されてキレてしまった場合，その行為はその子だけの問題ではなく，他者との関係のなかでの行為であるということが子どもたちに理解される。そうなれば，その子は，自身で言語的・平和的な手段で解決する力を身につけるというだけではなく，自分をキレさせないよう集団に要求する権利が自分にあるということも学べるだろう。また，他者にちょっかいを出すという形で，ストレスを発散している子どもの行為もそのストレスの原因をあきらかにし，その改善に向けて意見表明権を行使するように指導することができる。

| 抑圧した自我を解放する |

「問題行動」として異議申し立てをしている子どもは、教師からも学級の子どもたちからも見えやすいが、自我を抑圧している「よい子」の場合には、意見表明をしないので、意見をもっていること自体に気づくのが難しい。異議申し立てをしていないように見える「よい子」や「普通の子」の声なき声をつかむ努力が教師には求められる（これらの具体については第5章を参照のこと）。

そのさい、身体症状に注目するのも1つの方法だ。たとえば、次のような実践がある（地多、2012）。

4年生のあき子は、勉強がよくでき、賢い子で、班長にも進んで立候補するし、他の子が何かをこぼしてもすぐに雑巾を持ってきて拭こうとする子である。だが、あき子には小学1年の頃から片頭痛がひどく、入院したり欠席したりするという面もある。心療内科に通っても精密検査を受けても問題は見つからない。教師は、あき子の過剰適応を疑い、あき子が、失敗する自分や悪いことをする自分を認められず、それを否認することによるストレスが原因ではないかと分析し、本人に、「まあいいんじゃない」と流したり、「悪いことをする自分もあり」と思ってもよいことにしよう、と提案する。それ以降、欠席はほとんどなくなり、通院もすべてやめることになった。友だちへの陰口を言うようになったりしたが、教師はそれを「いままで否認していた攻撃性を認め、吐き出し始めた」のだと肯定的に評価する。その後、乱暴な男子Fがあき子にぶつかったときにあき子の表情がかつての「自分のなかにためこむ」表情になったのを見て、「Fを蹴ってやれ」とけしかける。あき子は蹴る真似だけして逃げていったが、それで表情が明るくなった。このような一連の指導をとおして、あき子は、個々のトラブルに落ち込むこと

なく，男子と混じってドッジボールをしたり，大縄跳びの回し役になったりしながら，児童期の活動の世界に入っていくことになった。

このように，親や教師の期待に支配されたために自我を抑圧して「よい子」を演じていた子どもが，抑圧してきた自我を表現したり，封じ込めてきた「悪」を表出したりすることを**「自分くずし」**というが，このような自分くずしの行為も権利行使と位置づけることができる。このプロセスを経て，子どもは親や教師に支配された自己から，自分を作者とする自己へという自立を達成していくのだ。

> 学校をつくりかえる，子どもたちを社会参加にひらく

教科外においても教科においても，学校は，子どもたちの自由と権利を保障する方向ではなく侵害する方向に機能しがちだ。

たとえば，多くの場合，校則は学校側から一方的に決められ，子どもたちはひたすら守ることを要求される。しかし，そもそもルールは一人ひとりの成員の自由を保障し，皆がより安心して生活できるように皆で取り決められるものである。そうであるならば，子どもたちには，自らの自由を制約する校則に異議を唱え，議論を通じてよりよいものに改正していく権利があるはずだ。もちろん，学校や教師は子どもの要求に安易に迎合すればよいということではない。教師は教師なりの視点から校則の個々の条項の意義を子どもたちに語らなければならない。その上で，双方が合意できる項目は残し，合意できないものはより合意可能なものに改正し，不要なものは廃止していくべきであろう。校則改正に限らず，子どもたちに正当に権利を行使させつつ，学校生活を含めた生活の主体へと育てていかなければならない。

また，学校の授業も同様である。学校の多くの授業は，既存の社

会に適応するための知識や技能を,競争的に獲得するものになっている。しかし本来,学習はユネスコの「学習権宣言」がいうように,子どもたちがよりよい世界を求めて「想像し創造する権利」を実現するものである。想像し創造する権利としての学習権を保障するためには,子どもたちには,身近な地域課題から地球規模の課題まで含め,自分たちの願う世界を実現していくために学ぶということが保障されなければならない。したがって,まず,あらゆる問題についての彼らの自由な意見表明が保障される必要がある。地域課題でいえば,地域の川で魚が少ししか釣れないのはなぜかということから学びを始め,町の「水質を守る会」と交流したり,「川と自然を考える会」を結成して(集会・結社の自由),地域の文化祭で学習成果を発表したり(表現・情報の自由,意見表明権)する実践(中野,2002)などがあるし,地球規模の課題の実践としては,地雷廃絶を求めて活動を始めた小学生たち(Col the Kids),イラク戦争開戦のときに戦争阻止のためにブッシュ米国大統領に手紙を書いた小学校の実践,ユネスコスクールの ESD (持続可能な発展のための教育:Education for Sustainable Development) における環境問題への取り組みなど,多様な試みがある。このように,学習権保障の視点から学びをとおして子どもたちを社会参加にひらくことも重要な生活指導実践である。

Column ③ 子どもを複眼的にとらえる

日本の教育実践の伝統に「否定のなかに肯定を見る」という言葉がある。荒れている(=否定的な姿を見せている)子どもは,一面的に見る限り,ダメな子・「問題児」としか見えないだろう。しかし,なぜ荒れるのかを考えると「よくなりたいのにどうしたらよいかわから

ず，もがき苦しんでいる」ことが見えてくる。よくなりたいと思う自分（肯定）があるからこそ，現状とのギャップにたじろぎ，荒れた行動（否定）にでるのだ。否定的に見える行動のなかに，よくなりたいという肯定的なもう一人の自分の存在を見ること，つまり子どもを複眼的に見ることが必要なのだ。

生活指導に取り組む教師たちは，このような子ども観にもとづいて「もう一人の自分」に働きかけ，自立を励ますという実践をつくりだし，さらには，子ども自身が自他のなかに「もう一人の自分」を観られるようにすることで，相互の自立を励まし合う子ども集団を育ててきたのだ。

この視点から**ゼロトレランス**（以下，「ゼロトレ」）の子ども観を見てみよう。ゼロトレとは，学校内の規則とそれへの違反に対する罰則を詳細に定め，理由の如何を問わず，厳正に処分することで学校内の秩序を維持・確立しようとする指導方式である。「無寛容」「非寛容」などと訳されるが，日本の教育においては『生徒指導提要』にある「毅然とした対応」として浸透しつつある。たとえば，生徒の尊厳が教師によって踏みにじられた場合であれ，教師側に非がない場合であれ，「教師に暴言を吐いたら家庭謹慎」というような一律の対応を想像すればよい。子どもの「問題行動」の理由を問わず，同じ違反行為には同じ処分を与えるというこの手法は，子どもを一面的にしかとらえていない。ゼロトレでは，学校や教師の側が一方的に「よい子」のあるべき言動を想定し，子どもはそれに従うべき存在であると考える。まさにルソーが批判した「子どものなかに大人を求める」子ども観そのものではないだろうか。

ゼロトレ方式で学校の秩序が保たれたとしても，生活指導に成功しているわけではない。なぜなら，子どもが自己の内側に抱える矛盾が解決しているわけではないからだ。ゼロトレでは，「よい子」は問題がないと見なされるが，親や教師の期待に必死で応えようとして自我の欲求を抑圧している子どもは，現時点で問題が表面化していないので「問題がない」と見なされる。また，秩序が保たれているのは，子どもたちが権力に服従しているからであり，自立的に判断する主体に育っていることを意味しないし，子どもが自らよくなろうとしている

ことを意味するわけでもない。

引用文献

エリクソン，E. H.／西平直・中島由恵訳（2011）『アイデンティティとライフサイクル』誠信書房。
喜多明人ほか編（1996）『子どもの参加の権利――〈市民としての子ども〉と権利条約』三省堂。
竹内常一（1987）『子どもの自分くずしと自分つくり』東京大学出版会。
竹内常一（1994）『学校の条件』青木書店。
地多英展（2012）「律子さんと明子さんによりそって」『全生研第 54 回全国大会紀要』。
中野譲（2002）「川との語り合い」『生活指導』582 号。
フレーベル，F. W. A.／岩崎次男訳（1960）『人間の教育』明治図書。
ルソー，J.-J.／今野一雄訳（1962）『エミール』（上）岩波書店。

第 II 部

子どもの生活現実から出発する

chapter

第5章　子どもを理解するとはどういうことか
第6章　子どもの生活世界と生きづらさ
第7章　いじめ・暴力のなかの子どもたち
第8章　特別なニーズのある子どもたち

第5章 子どもを理解するとはどういうことか

「ダンボール列車」でお散歩――学童保育での一コマ。この世界は子どもたちにはどのように見えているのだろうか。

First Question

① 「子どもを理解する」ことの「光と影」について整理してみよう。
② 「子どもを理解する」ことが「子どもを支配する」ことに変質してしまうのはなぜだろうか。
③ 「子どもを理解する」ことと教師の成長とはどのように関係しているのだろうか。

1 「子どもを理解する」ことの難しさ

教師のなかで都合よく
構成された子ども像

子どもを理解する教師になる自信が，あなたにはあるだろうか。

「ワタシモムカシハヤンチャヲシテイタカラ」「ワタシモフトウコウダッタカラ」，そのような子どもたちのことなら「ワタシハリカイデキル」し，その子どもたちを「ワタシハスクウコトモキットデキル」。だからこそ私は教師になろうと決めたのだし，そのことがあの頃の私を支えてくれた人たちへの恩返しでもある――こんな思いとともに教師になるための学習を深めようとしている人も少なくないかもしれない。

しかしながら，あなたの「ヤンチャヲシテイタ」経験や「フトウコウ」の経験は，これからあなたが出会うことになる子どもたちのことを理解する上で，本当にあなたの助けとなるのだろうか。その子どもを見つめるまなざしを曇らせることにつながりはしないのだろうか。

理解とは，「物事の状況や意味などが分かってのみこむこと」であり，「他人の心情や立場をくみとって思いやること」であるとされる（『新潮日本語漢字辞典』より）。この定義によれば，理解とは，その行為をしようとする主体のなかで完結するものであり，そこに「他人に確かめる」という作法は含意されていない。したがって，「子ども」という自分とは異なる存在を理解しようとする行為は「独りよがり」となる危険を常にはらんでいるのであり，「思い込み」や「決めつけ」「レッテル貼り」ときわめて親和的でもあろう。

このような行為に「**子ども理解**」が成り下がったとき，目の前にいるはずの，固有名詞をもった現実の子どもはあなたの前から消え失せ，あなたの観念のなかで都合よく構成された「子ども」の姿にすりかわることとなる。自分にとって都合よく構成された「子ども」を「理解する」ことは，当然のことながら造作もないことである。そのことは，時に快感さえも伴うだろう。

だが，固有名詞をもった現実の子どもの姿を見ることなく，都合よく構成した子ども像は，あなたの目の前にいる子どもとはかけ離れた存在となってしまっていることが多い。子どもを理解するためには，子どもは私たちの頭のなかで生きているのではなく，現実のなかで生活しているということを忘れてはならない。

教師のなかの「子ども理解」の枠組みへの固執

たとえどのような子どもであったとしても「理解する」ことができるなら，どれほど素晴らしいか，教師なら一度はそう夢想したこともあろう。だが，当然のことながら，たった一人の子どもでさえ理解できないときが多々あることもまた，教師ならだれしもが経験することである。その際，教師を襲うのは子どもを「理解する」ことのできない自分への失望ではない。そうではなくて，自分の理解を越えて存在する子どもに対する嫌悪感であり，当該の子どもに対する恐怖である（原田，2007）。

すぐに暴力をふるったり，リストカットをしたり，ベランダの手すりに手をかけて「僕なんていなくなったほうがいいんだ！」と叫んだり——。それでもなお，教師としてあり続けようとする者は，その恐怖を乗り越えるべく子どもを理解しようと努める。だが，教師が自らの「子ども理解」の枠組みを壊せなければ，教師の理解を

1　「子どもを理解する」ことの難しさ　　95

越える行為をする子どもは，身の毛もよだつ「得体の知れない生き物」ととらえられ，しばしば忌避と排除の対象となる。しかしながら，子どもたちはその教師の「子ども理解」の狭隘さを，自らを傷つけながら告発しているのである。子どもたちの自らの身を賭した告発を教師が理解できないとき，教師は子どもからの呼びかけに応答することなく，自らの「子ども理解」の枠組みにもとづいてのみ，子どもを理解してしまう。それは自分に理解可能な部分を恣意的に拡大解釈し，その解釈どおりにふるまうことを子どもに要求することに陥りかねない。このとき「子どもを理解する」ことは，「子どもを支配する」ことと同義となる。

適応を図るために「情報を収集する」という勘違い

近年，子どもへの「共感的理解」が推奨されているが，「思い込み」や「決めつけ」「レッテル貼り」あるいは恐怖の裏返しとしての支配に対する批判的検討がないままでは，子どもとの教育的な関係を成立させるための「子ども理解」とはならないことに注意しよう。

たとえば『生徒指導提要』（文部科学省，2010）においては，「人は理解してくれている人には安心して心を開きますが，理解してくれていない人には拒否的になり，心を閉ざしたまま対応する」ものであるがゆえに，「生徒指導においては愛と信頼に基づく教育的関係が成立していなければその成果を上げることはでき」ないとして，子どもに対する「共感的理解」が求められるとされている。こうした「子ども理解」を行うにあたって，『生徒指導提要』では「人格の発達についての一般的な傾向とその特徴についての客観的・専門的な知識を持つこと」とならんで，子ども一人ひとりの「特徴や傾

向をよく理解し，把握すること」と，その子どもが構成員の一人であるところの「集団の構造や性格そのものを理解すること」が重要であると主張されている。とりわけ，「児童生徒を理解するため特に重要と思われるもの」として，「能力の問題，性格的な特徴，興味，要求，悩み，交友関係，生育歴，環境条件など」が挙げられている。

たしかに，ここで言及されている観点そのものは，重要な意義をもつものであることは疑いがない。だが，「能力の問題，性格的な特徴，興味，要求，悩み，交友関係，生育歴，環境条件など」の情報をどう分析して，何のために使うのかこそが問題である。たとえば，**「問題行動」**を起こす子どもがいたとき，その「問題行動」に隠されている既存の集団や社会にたいする異議申し立てを受けとめることなく，既存の集団や社会への速やかな適応を図るためにこれらの情報を活用するのだとするならば，それは「子どもを理解する」行為ではなく，子どもを操作可能な対象として見つめる行為であり，既存の集団や社会の秩序を維持するために「情報を収集する」だけの行為に陥る可能性をはらんでいる。

2 相互行為としての「子ども理解」

教師も見られている

上述してきたような「子ども理解」の困難さは，教師が子どもを理解することは，子どもが教師を理解することと一体のものであるということが忘れられていることに由来する。このことに気づかず，教師のみが子どもを見つめていると勘違いするとき，教師への子どもの不信は深く，

鋭いものとなろう。**生活指導教師**たちが実践的に培ってきた「子どもを理解する」営みは，時には激しく荒ぶる行為をとおしてぶつかり合いながら互いに対する「見方」を確かめ合い，その「見方」を互いに修正しながら，「わたしはあなたのことを〇〇とかんがえているよ」ということを相手に届けようとする営みであり，それが相手に「届いた」という確信をもてたときにはじめて，生活指導教師たちは「子どもを理解できた」喜びに身をふるわせてきたのである。

教師もまた子どもたちから見つめられているという事実を認めるならば，どのように「子ども理解」を進めていけばよいのか。引き続き考えてみよう。

> 仮説を立て実践をとおして修正する

教師と子どもとの相互理解をとおして「子ども理解」が行われるとするならば，教師がもっている「子ども理解」の枠組みでいったんは子どもを理解するけれども，実際の子どもとのかかわりのなかで，その時点でもっている「子ども理解」の枠組みの適切さを検証したり修正したりしながら，たえず「子ども理解」を深めていくことになる。

教師に恐怖を与え，忌避と排除をせずにはいられない状態へと教師を追い詰めていくほどの困難な課題をかかえた子どもに対し，それでもなおその子どもの傍らに居続け，呼びかけをあきらめないでいようとするとき，教師は子どもたちの，自らの存在を全否定するかのような子どもからの言動に出会うことがある。曰く，「ワタシナンテウマレテコナケレバヨカッタ」「ボクガイナクナレバミンナキットエガオニナルヨ」「ワタシナンカドウナッテモイイノダカラ，ホウッテオイテ」……。

こうした状況にある子どもであっても傍らに居続けようとする教師は，子どもの生活を，すぐ後で述べるように，ヒト・モノ・コトとの関係のありようという視点で分析し，そのありようを導いた生育史ならびにその生育史を規定する社会情勢を重ねて，たとえば次のような仮説を立てる。その子どもは自身の存在を否定したくてあのようなふるまいをしているのではなく，むしろ自らを否定する行為をとおして私たちから「自分を否定しなくてもいいんだよ」「あなたが生まれてきてくれて，私はやっぱりうれしいよ」といった，自己の存在を肯定するような呼びかけを引き出そうとしているのではないか，と。

　これはあくまでも「仮説」である。「仮説」は事実によって「検証」されるべきものである。教育実践において仮説を検証する行為は，当該の子どもを見捨てることなく働きかける行為であり，それゆえに仮説は**指導方針**と表裏一体のものとなる。すなわち，「子ども理解」に関する仮説は，この子はこういう子どもなのではないか，だから○○すれば△△なるのではないかという指導方針として具体化される。「子どもを理解する」とは，このように，情報を得るにとどまらず，方針が立つことまでをも含むのである。また教師の指導に対する子どもの応答の事実によってその仮説への修正が余儀なくされるとき，それはその仮説を立てた教師自身のものの見方・考え方もまた，修正が迫られる。したがって，「子どもを理解する」ことは自らを他者にさらすことであり，自分自身のものの見方や考え方，価値観を，ひいては自身の生き方をも変革していく可能性に開かれている行為なのである。それゆえに，「子どもを理解する」ことは，自らも無傷ではいられない行為であるのかもしれない。

> ヒト・モノ・コトとの関係から生活を把握する

生活指導教師たちは「子どもを理解する」ために、当該の子どもを分析するまなざしを鋭敏にする努力を積み重ねてきた。その努力の背景には、第2章で見たような、「『生活台』に正しく姿勢する」ことが脈々と継承されてきたことは改めて確認しておくべきであろう。

生活指導教師たちは、子どもたちの生活のありようを実感をもって受けとめながら、なおかつそのありようを批判的にとらえることをとおして、子どもたちに迫ろうとしてきた。生活指導における「子ども理解」とは、当該の子どもが現時点において、ヒト・モノ・コトとどのような関係を結んでいるのかを明らかにし、その意味を把握することから始まるのである。

ヒトとの関係への着目とは、文字通り、その子どもが周りの大人や子どもたちとどのような関係を結んでいるのかという事実を把握し、その意味を把握することである。「丸太ん棒のような状態で抱っこされる」「発達障害のある子どもを常に攻撃の対象とする」「独りでいることを選ぶ」等々の事実に対し、それは何を意味しているのかを把握するのである。

モノとの関係への着目とは、どのような服装をし、文房具等をどのように扱っているのかという事実を把握し、その意味を把握することである。「異臭を放つ服を何日も着続けている」「名前入りの鉛筆が教室中に散乱している」といった事実を把握し、その意味を把握するのである。

コトとの関係とは、学級や学校、あるいは社会で起こった出来事についてどのような認識をしているのかを把握し、その意味を把握することである。学級のなかで弱い立場に追いやられている子ども

を蔑む事件が起こったとき,それをどのように認識しているか,「お楽しみ会」の企画を準備していく過程のなかで何を感じ取っているのか等の事実を把握し,その意味を把握するのである。

これらのことに加えて,当該の子どものヒト・モノ・コトとの関係のありようを,その子ども自身の生育史——学校生活の歴史も含む——に関する事実と重ね合わせながら,そのようなふるまいをせずにはいられないようにその子どもを追い詰めている何ものかをつかもうとするのである。ここでいう,「子どもを追い詰める何ものか」とは,当然のことながら,子どもたちが生きるこの社会の種々の矛盾が反映したものである。教師たちは,一方で子ども自身とその生活を見つめつつ,他方でその子どもを取り巻き,その生活を規定している社会情勢を批判的に検討し,子どもへのまなざしと社会へのまなざしを重ね合わせながら,その子どもらの傍らに居続けようとしてきた。この2つのまなざしが重なったところで浮かび上がる,「子どもを追い詰める何ものか」こそがその子どもの自立を阻む要因の1つにほかならず,それをさまざまな意味で当該の子ども自身が乗り越えていけるように支えていくことをこそ,指導の課題としていこうとしてきたのである。

「私という教師」を理解させる

すでに述べてきたことからもわかるように,「子どもを理解する」ことは「子どもを指導する」ことの前提ではない。「理解」できてはじめて「指導」を行うことができるのであるならば,指導の機会は永遠に訪れない。そうではなくて,子どもを指導しようと呼びかける教師の働きかけに対して子どもがどのような応答を行うか,その応答のありようを分析することをとおして,時には指導する教

師自身の生き方の変革が迫られながら,「子どもを理解する」ことは進んでいくのである。しかもその応答のありようの分析は,子どもを教師の意のままに操作するための分析ではなく,教師がどういう教師として子どもの前にその姿を現すのかを決めるための分析なのである。

たとえば,小学校教師である土佐いく子は,激しい暴力と抜群の組織力で子どもの世界を牛耳っていた小学校3年生の勇太を担任したときのエピソードを次のように記述している。

> 始業式の翌日,初めての国語の時間でした。
> 「てつぼう,まどみちお,くるりんと足かけあがりをしたら…」教科書の扉の詩を読み始めたとたん勇太が立ち上がって巻き舌で,「くるりんやて,オイみんな言え」とけしかけるのです。騒然となって授業どころではありません。私は,どうしたものかとしばらくとまどっていましたが,「くるりん」というあの言い方に何か感じるものがあったのです。
> 「なかなか実感こもってる言い方やなあ」
> 「実感って何や?」
> 「鉄棒うまいという感じの読み方やなあ」
> すると後から「先生何で知ってるん。勇太,ほんまに鉄棒うまいで」と声が返ってきます。
> 「へーえ,そうか,それじゃ休み時間見せてよ」というと「おお見せたる」と,もうおしりがそわそわです。チャイムが鳴り終わるのを待たず運動場へ走っていき,得意顔でいくつかの技を見せてくれました。
> (土佐,2005,28頁)

このとき勇太や学級の子どもたちの眼には,土佐の姿は「自分たちを頭から否定することをしない,今まで出会った教師たちとは少し異なる」教師として映ったのではなかったか。「子どもを理解す

る」営みは，同時に子どもに「私という教師を理解させる」営みでもあるのである。

「子ども理解」における身体の意味

特別支援学校に勤める教師が，ある研究会で語った事柄を紹介しよう。その教師は，一人の子どもが「キレて」暴れ始め，その子が周りの子どもたちや器物だけではなく，自分自身をも傷つけ始めたのを見かねて，その子を抱きかかえるようにしてその行為をやめさせようとした。そのときその教師が気づいたのは，怒りのあまりに火照った身体の「熱さ」と動悸の激しさであったという。なおも抱きしめるなかでその子どもは落ち着きを取り戻していったが，それと同時に感じられたのは火照った身体から熱が引いていく様と，正常なリズムを取り戻していく鼓動であったという。

子どもは書類に記載された記号ではなく，具体的な**身体**とともに生きる存在である。教師もまた具体的な身体とともに生きる存在である。「子どもを理解する」営みにおいて，互いが身体とともに生きる存在であることは，この教師のエピソードが雄弁に語るように，決定的な意味をもつ。

大人たちはむずかる子どもの額に手を当てて熱を測り，転んですりむいた膝の手当てをしながら「いたいのいたいのとんでいけ」とのまじないの言葉をつぶやき，涙する子どもを抱きかかえ，背中を撫でながら「こわかったね」「つらかったね」と語りかけてきた。そこには，身体を介した呼びかけと応答の関係があるといえるだろう。それは，その子どもがかかえた痛みや苦悩を身体を介して和らげながら，なおかつその痛みや苦悩によって傷ついた身体の変調をともに実感しようとする行為である。

傷の痛みは本人にしかわからないともいわれる。いや，本人さえも本当にはわかっていないのかもしれない。その傷の痛みは，ともに味わおう，ともに分かち合おうと呼びかけられることによってはじめて，傷ついた者はその痛みを実感するのではないだろうか。その痛みは多くの場合，安易な「**共感**」を拒みさえするようなものであろう。しかしながら，その激しい痛みに苦しむ者を前にしてたじろぎながら，それでもなおその子どもの傍らに居続けようとする者との間に，「共感」が成立した状態が創出されるのかもしれない（宮地，2010，146-167頁参照）。

教師たちは，自らが傷つくことに恐怖しながら，それでもなお子どもたちの痛みや苦悩を和らげようと身体を介して働きかけ，子どもたちの身体に現れた変調を実感しようとしながら，深い傷を前にしておびえる自分を叱咤激励しつつ，「あなたは一人ではない」と言い続け，子どもたちの傍らに居ようとし続けていくことが求められている。**貧困**や**虐待**，あるいはいじめ等の種々の**暴力**的な関係を生きるなかで傷ついてきた子どもたちの存在がかつてないほどに意識化される今日的な状況にあって，身体を介して「子どもを理解する」ことが改めて問い直されているといえるだろう。

3 働きかけながら「子どもを理解する」
生活指導実践より

子どもの呼びかけに応答する

今述べたような生活指導に特徴的な「子ども理解」が，教育実践においてどう展開されるのかを，中学校教師である高木安夫の実践をとおして見てみよう。

> 　出会いの日，教室に入ると，かなりの生徒が席についていない。
> 「着席しなさい」と言うと，ぞろぞろ移動し始めた。しかし，隆信は自分の席とは反対の方向に移動する。私はそれを視野の隅にとらえながら，他の生徒が着席するのを待った。隆信以外の生徒が席に着いたのを見計らって，「急ごか！」と隆信に声をかけた。隆信は周りを見渡してから自分の席に移動して行った。
> 　これまでの実践経験から直感していたのは，隆信は，自分以外に着席していない生徒がいるのに自分に向けて指示を出されれば，きっと「なんで俺だけやねん」「また俺ばっかり」と思って反抗的になるはずだということだった。
> (高木，2013，106頁)

　「着席しなさい」と指示しても着席しない子どもがいたとき，繰り返し「着席しなさい」と指示したり，着席する必要性を説いたりし，それでも着席しない子どもたちに苛立ちを募らせる教師は多いだろう。また着席させるための小技・ネタを使って，上手に着席させる教師もいるだろう。どういう手段を用いれば着席するかが予想できることは，大切なことである。見方によれば，この場面も，高木が「実践経験から直感」できるような，経験豊かで力のある教師だからというより，どう働きかけたら隆信が反抗せずに着席するかを巧妙かつ綿密に考えていた場面だということもできる。しかしそれ以上に大切なことがある。

　隆信は自分以外にも着席していない生徒がいるのに，自分に向けて着席指示が出されれば反抗的になる，と高木は予測していた。だから，高木は自分の席と反対の方向に移動する隆信に着席指示を出さず，自分の席と反対の方向に移動する隆信を視野にとらえておいて，彼だけが着席していない状況になるのを待って，着席を命令することなく，促している。

3　働きかけながら「子どもを理解する」

隆信がこれまで出会ってきた教師は，着席しない隆信を責める教師であった。高木はどうなのか隆信は出会いの初日に試しにかかっている。これまで通り着席しない隆信を責める教師なのか，それとも自分の声に耳を傾けようとする教師なのか。隆信の「先生，あんたは俺の言い分を聞いてくれる教師なのか」という問いかけや**呼びかけに応答**し，隆信の言い分にも耳を傾ける教師として高木は登場しようとしているのである。

> 教師が自分の弱さと対面する

　このように，子どもの呼びかけに応答しようとすると，教師はこれまでの教師としての生き方や指導の組み立て方を再考せざるをえなくなる。高木の場合，隆信からの暴力——これも自分のことをわかってほしいという呼びかけであるが——によって引き起こされたものは，高木自身に巣くっていた，隆信を力ずくで屈服させたり，排除したりしようとする自らの暴力性との闘いである。

　高木は，隆信と出会い，彼を見捨てることなく指導していこうとすればするほど，自分自身の暴力性を否応なしに自覚させられていた。自らが克服しきれていなかったその暴力性に屈服してしまったとき，彼は隆信の傍らに居続ける資格を失う。自らの暴力性への屈服は，今まで隆信を傷つけ，排除してきた者たちと同類になることだからである。高木は，隆信への，また隆信のいる学級への指導を展開していきながら，暴力性を克服しきれてはいなかった自分の「弱さ」とも闘っていたのである。

　「子どもを理解する」過程は，理解しようとした者が自覚できていなかった自らの「弱さ」に気づき，それを受け入れながら改めて生き方を選び取っていく過程でもあるのである。

> 行為の意味と背景を
> 子どもたちと共有する

ある時期に隆信は，同じ学級のある一人の女生徒に暴言を執拗に吐いていた。それは表面的には隆信によるその女生徒への「いじめ」の状況にあることは疑いがないものであった。だが，なぜ隆信はその女生徒に暴言を執拗に吐く必要があったのか。実はその背後に，学級の子どもたちのその女生徒に対する反感や嫌悪があったのである。すなわち隆信は，彼女を攻撃しても自分が批判されるどころか，反対に彼女を攻撃することが学級の多数派のなかに自身の居場所をつくることにつながることを敏感に察知して，彼女への攻撃を繰り返していたのである。

隆信による女生徒へのこうした攻撃の背景を，高木は隆信も交えた子どもたちとの話し合いのなかで明らかにし，隆信の行為の意味を共通理解させていくとともに，その女生徒に隆信以外の子どもたちもまた反感や嫌悪を抱かずにはいられなかった理由を具体的な言葉で表現させ，自覚させていく。それは子どもたちが隆信の行為の意味を理解していく営みであると同時に，隆信の行為を引き出しているのは自分たちの学級のありようであるということを認識していく営みでもある。そのことは，特定のクラスメートをターゲットにして束の間でかりそめの安心を得ようとしていた自分の「弱さ」を一人ひとりが理解し，自覚していくことをめざす営みでもあるのである。

ここで高木の実践は，生活指導実践において「子どもを理解する」ことは，「人格の発達についての一般的な傾向とその特徴についての客観的・専門的な知識」をもち，子ども一人ひとりの「特徴や傾向」を情報としてもっておくことではないことを端的に示している。「子どもを理解する」ということは，1つの事実を手がかり

にしながら，その事実を生じさせた行為がなされた理由とその意味を明らかにしつつ互いの納得を引き出していくことであり，そのことをとおして，自分自身もまたその行為をしてしまっていたのかもしれない——わたしのなかにもあの子がいる——ということを互いに気づき合っていくことへと開かれた行為なのである。

子どもに自分自身と対面させる

いわゆる「問題行動」を頻発させずにはいられない子どもにとって，上述してきたような「子どもを理解する」営みが丁寧にかつ慎重に展開されていくことによって，「わたしのなかにもあの子がいる」ということを自覚した子どもたちに囲まれて生きていくことは，言葉では表現し尽くせないほどの大きな意味をもつことになろう。自分自身でさえ止めることのできない「問題行動」の意味を深く解釈してくれる仲間のなかで育つことは，「問題行動」を起こすがゆえに忌避され，排除され，傷つけられてきた子どもにとっては，はじめて自分の存在を肯定してくれる世界に生きる経験となるかもしれないのである。

しかしながら，自分の存在を肯定し，我がことのように自分を「理解」してくれる他者に囲まれて生きることのみに終始させられるならば，皮肉なことにその環境が当該の子どもをかえって堕落させていくことにつながる。なぜなら，「わかってもらえる」ことの心地よさに安住することで，気づいたり見つめたりしたくはない自分の「弱さ」と闘うことを回避してしまうからである。

このことに関して，高木は隆信に対して次のように迫る。

私「できひんって！ 今まで何回お父さんの前で，『やる！ でき

> る！』って約束してきた？ 次の日からあかんようになってるやんけ！ ようもって2, 3日やろ！ できひんのにできるっていうな！」
> 　隆信「できるし，やる！」
> 　私「お父さんの前で約束する気持ちはホンマなんやとは思うで。でもやりきる力がついてないからできないやろ！ 完璧にできなくていい，100で約束して50できたらいいねん。その繰り返しで成長するしな。しかし，お前はお父さんの前で100の気持ちで決意するけど，100できなかったらやめてしまうやろ。0に戻る。おまえには，100か0しかない」
> 　隆信は泣き出した。
> 　父親「約束したこと忘れるのか！ 何考えてやってるんや！」
> 　隆信「何も考えてない」
> 　私「決意したことが無理やったら，その後は何も考えないってことやろ！」
> 　隆信「うん」
> 　泣きながら隆信は「今度はちゃんとする」を繰り返した。
>
> 　　　　　　　　　　　　　　　　　　　　（高木，2013，137頁）

　ここでいう「100か0(ゼロ)か」という言葉は，高木が学級や学年の子どもたちとともに深めてきた「隆信理解」をもとにして，またその「理解」を形成していく過程のなかで構築されてきたであろう隆信との信頼関係をもとにして突きつけた，隆信自身の課題を象徴的に表現したものである。

　ある子どもを理解する営みのなかで気づいた事柄は，当然のことながら教職員集団や子どもたちとも共有しうる言葉に変換し，「共有財産」として確認し合うことで，互いの発達を保障し合う集団ないしは組織の土台を豊かにしていく。だがその言葉は，当該の子どもが自分自身を深く理解する手がかりとなってはじめて意味をもつことになる。「問題行動」をとおしてしか表現することのできない，

自らのなかに潜む何ものかに気づいていくことをとおしてこそ、高ぶり、荒ぶる感情は鎮まっていくからである。

「子どもを理解する」ことは、その子どもを支配するために行うのではない。そうではなくて、その子ども自身が自分自身に出会い、何に喜び、何に気づき、これからどう生きていきたいと願っているのかを自覚していくための呼びかけである。

「子どもを理解する」ことは、子どもたちの未来に開かれてはじめて、生活指導実践の一翼を担いうるのである。

引用文献

高木安夫（2013）「被虐待児の個人指導と集団指導――隆信の自立に向けて」京都府生活指導研究協議会編『「Kの世界」を生きる』クリエイツかもがわ。
土佐いく子（2005）『子どもたちに表現のよろこびと生きる希望を――父母に子育てのエールを 教師に教育のロマンを』日本機関誌出版センター。
原田真知子（2007）「届かないことば 届きあうことば――もう１つのテーマ『出会い直し』」全国生活指導研究協議会編『"競争と抑圧"の教室を変える――子どもと共に生きる教師』明治図書。
宮地尚子（2010）『傷を愛せるか』大月書店。
文部科学省編（2010）『生徒指導提要』財務省印刷局。

第6章 子どもの生活世界と生きづらさ

子どもの生活世界には今どのような問題があるか

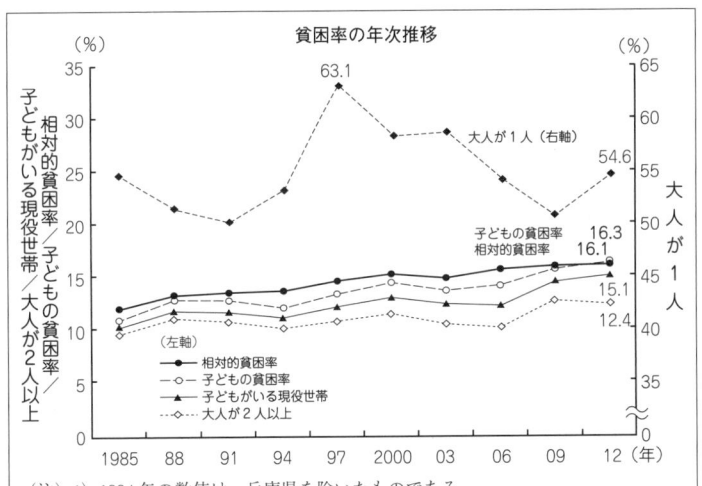

貧困率の年次推移

縦軸左：相対的貧困率／子どもの貧困率／子どもがいる現役世帯／大人が2人以上（％）
縦軸右：大人が1人（％）

- 相対的貧困率
- 子どもの貧困率
- 子どもがいる現役世帯
- 大人が2人以上
- 大人が1人（右軸）

1997年：63.1
2012年：大人が1人 54.6、子どもの貧困率 16.3、相対的貧困率 16.1、子どもがいる現役世帯 15.1、大人が2人以上 12.4

(注) 1) 1994年の数値は、兵庫県を除いたものである。
 2) 貧困率は、OECDの作成基準にもとづいて算出している。
 3) 大人とは18歳以上の者、子どもとは17歳以下の者をいい、現役世帯とは世帯主が18歳以上65歳未満の世帯をいう。
 4) 等価可処分所得金額不詳の世帯員は除く。

(出所) 厚生労働省, 2014より。

First Question

① 子どもたちの「生きづらさ」はどのような形で現れているのか。
② 子どもたちの「生きづらさ」はどのような生活現実から生まれているのか。
③ 子どもたちの「生きづらさ」と教師はどのように向かい合えばいいのか。

1 「生きづらさ」の問題をどうとらえるか

身体化・行動化される子どもたちの「生きづらさ」

「生きづらさ」という言葉がメディアで盛んに使われるようになり，大人だけでなく，子ども・若者がかかえる深刻な問題として認識されるようになったのは，2000年代以降である。

> 児童数1000人を超える小学校で，6年生を担任している。5月末，主に6年生が使う女子トイレの一番奥の個室の壁に，その文字は書かれていた。
> 「死にたい」
> 金属製の手すりに血のようなものがなすりつけられてあり，「これは私がリストカットをした血です」とも。
> 校内の児童指導報告会でこの一件を報告したとき，「やだ，恐い」と顔をしかめる教師たちがいた。　　　　　　　　（原田，2007，73-74頁）

今，多くの子どもたちは，「生きづらさ」をかかえ，それをさまざまな形で表出している。上記の事件のあった学校では，抜毛症の子どもや，思春期うつや自律神経失調と診断されて不登校になっている子どもたちの姿などが報告されている。大人たちですら理解できず「恐い」と感じるほど深刻な子どもの生きづらさに対して，教師は，何ができるのかが問われている。

存在要求・発達要求の剥奪

「生きづらさ」とはどういう状態を意味するのだろうか。

おそらく，生きることそれ自体に「つら

い」「苦しい」と継続的に感じている状態を多くの人はイメージするだろう。このような「つらい」「苦しい」という感覚は，自分が今ここに生きていることの意味や目的を肯定的に受けとめられない状態や，自分がこれから生きていくこと，成長・発達していくことに希望や見通しがもてない状態から生まれている。つまり，「生きづらさ」とは，自分がどうありたいのか，何がしたいのかといった自らの存在と発達にかかわる要求（〈**存在要求**〉〈**発達要求**〉）をもつことができなかったり，その実現が妨げられていたりして，自分が今生きている証(あかし)，あるいはこれから生きていく証が本人につかめていない状態をさすのである。

この「生きづらさ」を生み出す共通の問題として，「生きがたい現実」の存在が指摘されてきている。本章では，この現実の問題を，①人間らしく生きるための**生活基盤**の問題（「**生存**」の問題），②自分らしく生きるための「**居場所**」の問題（「**承認**」の問題），③「生きづらさ」を加速させる**学校空間**の問題，という，現在の子ども・若者の「生きづらさ」を象徴する3つの問題から迫ってみたい。いうまでもなく，これらの問題は，単独で存在するわけではなく，かかわり合いながら存在して，子ども・若者の「生きがたい現実」を構成している。

2　人間らしく生きるための生活基盤を奪われる子どもたち

子どもの「荒れ」の
背後にある経済的貧困

「叩くのは嫌だ」「蹴るのも本当は嫌なんだ。だけどやっちゃう。止められない。僕が僕を止められない」——これは，日常的に暴

力的行為を繰り返す小学3年生の男子児童が教師に泣きながら語った言葉である。この児童は，父親による母親への家庭内暴力（DV）のなかで，見て見ぬふりをしなければ自分たちの身を守れない状態にあった。教師は，この子どもが，父親によるDVで受けた心の傷だけでなく，離婚後も元気がない母親の姿に悩み苦しんでいることをはじめて知ったと座談会で報告している。また，荒れる子どもたちの多くが両親の離婚や別居，家族のリストラなど家族の問題をかかえており，子どもの問題に経済的・社会的なことが絡んでいることを実感していると語っている。（竹内常一・全国生活指導研究協議会，2003）。

このように，子どもたちの「**問題行動**」の背景に，経済的・社会的な問題である「貧困」がかかわっていることが自覚され，「**子どもの貧困**」に注目がようやく集まったのは2008年前後であった。厚生労働省が子どもの**相対的貧困率**の調査結果をはじめて公表したのは，2009年10月であった。最新の調査結果によると，2012年時点で，子どもの約6人に1人が貧困状態にあること，子どもがいる現役世帯では約7世帯に1世帯が貧困状態にあること（うち，大人が1人いる世帯の相対的貧困率は2世帯に1世帯）と高い水準にあり，増加傾向にあることが示されている（厚生労働省，2014）。

また，こうした貧困状態が子どもたちにもたらす学力や成長，生活の質の問題も指摘されている。たとえば，子どもの意欲と学力が家庭の経済状況と相関関係にあること，経済的困難さから進学を断念したり学校を中退する子どもも増加傾向にあること，貧困と児童虐待とが相関関係にあること，貧困が非行にかかわってしまう確率を高めること，貧困家庭の子どもは学校生活で疎外感を覚えやすいことなどが指摘されている。そして，貧困が拡大する背景には，日

本が政策によって,子どものいる貧困世帯の数が増加するという逆転現象が起きているOECD諸国で唯一の国であるなど,貧困が社会のなかで構造的に拡大されてきている状態があることも指摘されている(阿部,2008など)。

子どもの貧困がもたらす「複合的剥奪」と「重層的傷つき」

「貧困」と聞くと,私たちは,その日に食べるものにも困る状態,をイメージしやすい。しかし,これは,貧困を生理的水準で定義する「絶対的貧困」観に立つものである。これに対して,「子どもの貧困」の議論は「相対的貧困」観に立脚している。つまり,「貧困」は,経済的な貧困を基盤にしながらそれにとどまらない問題として把握されている。たとえば,「貧困」を「現実の人間の生活のあるべき姿を,人間が尊厳を維持し社会に参加する生活ととらえ……そのために必要となるものを欠く状態」(松本,2008)というように,経済的な貧困のみならず,それによって尊厳をもって**社会参加**するために必要なものが欠如していることを貧困というのである。

この貧困観を,さらに貧困の子どもへの影響の問題として掘り下げたのが,「**複合的剥奪のスコープ(領域)**」と「**重層的傷つきのシークエンス(連続)**」の2つの側面から子どもの貧困をとらえる岩川直樹の議論である。

「複合的剥奪としての子どもの貧困」とは,モノやカネがないという「物質的・経済的剥奪」,多数・多様な人間や機関や活動のつながりといった「関係的・社会的剥奪」,本来その子どもが形成しうるはずの基本的信頼や自尊感情あるいは知識・技能や学歴・資格等を奪う「実存的・自己形成的剥奪」という3つの次元からなる。

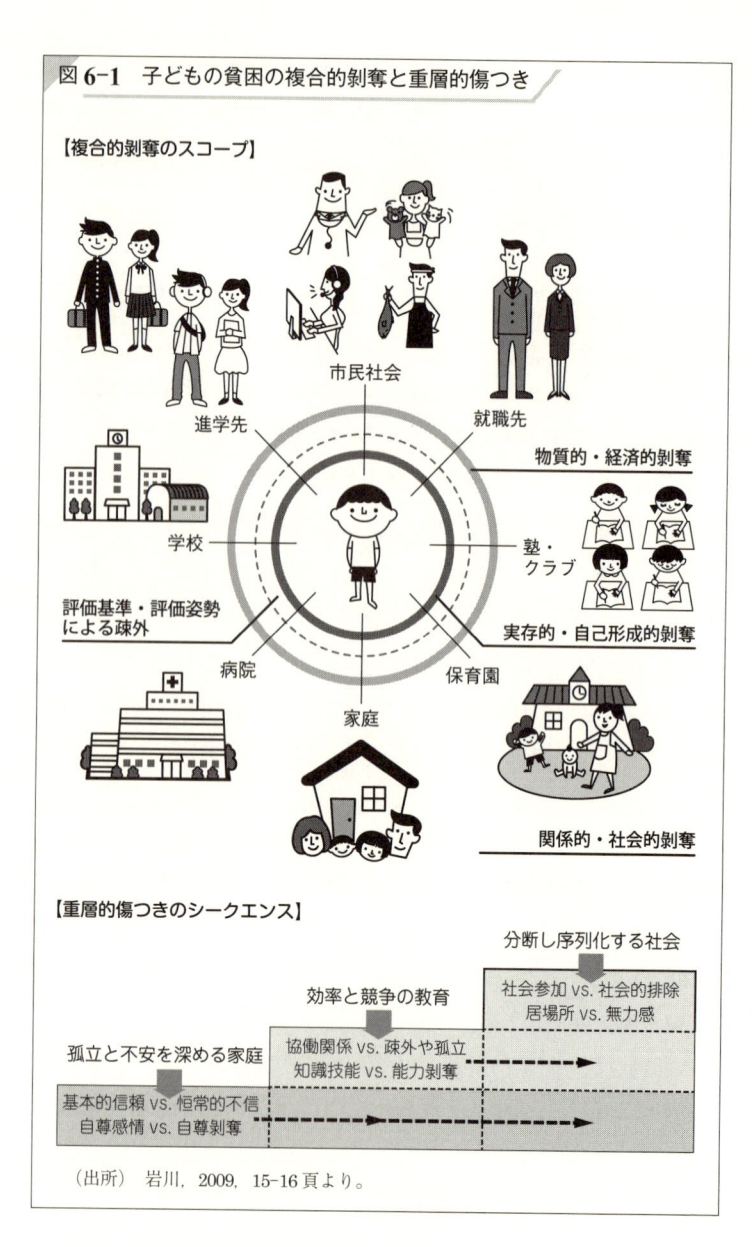

図 6-1 子どもの貧困の複合的剥奪と重層的傷つき

【複合的剥奪のスコープ】

- 市民社会
- 進学先
- 就職先
- 物質的・経済的剥奪
- 学校
- 塾・クラブ
- 評価基準・評価姿勢による疎外
- 実存的・自己形成的剥奪
- 病院
- 保育園
- 家庭
- 関係的・社会的剥奪

【重層的傷つきのシークエンス】

分断し序列化する社会
　社会参加 vs. 社会的排除
　居場所 vs. 無力感

効率と競争の教育
　協働関係 vs. 疎外や孤立
　知識技能 vs. 能力剥奪

孤立と不安を深める家庭
　基本的信頼 vs. 恒常的不信
　自尊感情 vs. 自尊剥奪

(出所) 岩川, 2009, 15-16頁より。

そして、これら3つの次元における剥奪が相互に関連しながら、子どもが成長するのに必要な関係や場への参加を疎外する「壁」となり、生活の基底をなす諸条件、諸関係や諸能力を複合的に子どもから剥奪する状態を生み出す。

しかも、社会へと参加していくのに必要な能力や資格を測る評価基準は、支配階層によってつくられており、貧困層には不利にはたらくものとなっている。さらにこうした能力や資格の有無を自己責任的にとらえる社会の評価姿勢も広がっている。そのため、貧困な状況を生きる子どもが、社会に参加していくことがますます困難になってしまうのである。

このような生活の全方位から関係を疎外される複合的な剥奪状態のもとでは、子どもたちは、多数・多様な他者からの存在承認や十分な承認を受ける機会を奪われ、人生のさまざまな時期において自己形成の傷つきを蓄積していくことになる。この状態が「重層的傷つきとしての子どもの貧困」であり、乳幼児期の恒常的不信・自尊剥奪という傷つき、学童期の他者からの疎外や孤立と能力剥奪という傷つき、青年期の社会的排除と無力感という傷つきが、ケアされないまま、いわば重層的に積み重なった状態にある（岩川、2009）。

「複合的剥奪としての子どもの貧困」と「重層的傷つきとしての子どもの貧困」の視点から見えてくるのは、自分が今生きていること、これから生きていくことを支えるような関係や社会的な制度の不足のなかで、自己の尊厳を守ることができずに深く傷つき、自己否定感に苛まれている子どもの姿である。このように、貧困がその時点での子どもの生活の質や成長・発達に悪影響を及ぼすだけにとどまらず、その後も背負っていかなければならない「不利」な条件として蓄積され、子どもの人生に継続して影響を及ぼしているので

ある（阿部，2008）。

3 「居場所」を奪われる子どもたち

> 「見られていないか
> もしれない」不安

子ども・若者の居場所の喪失の問題は，子ども・若者のケータイやネットのコミュニケーションの姿に象徴的にとらえられてきた。このコミュニケーションは，他者とのつながりを確認するためになされ，つながり合うこと自体が自己目的化している点に大きな特徴がある（土井，2008など）。

では，なぜこのようにつながり合うこと自体が自己目的化していくのか。その背景には，自分がだれからも「**見られていないかもしれない」不安**の広がりが見られる。この「見られていないかもしれない」不安は，かつて見田宗介が「**まなざしの地獄**」（見田，2008）と名づけた青少年の自立の苦悩の今日的な転換という把握がある。1960～70年代の若者の「生きづらさ」として見田が名づけた「まなざしの地獄」の内実は，他者からまなざされていることから生じる「生きづらさ」の問題であったのに対し，今日の「まなざしの地獄」の内実は，他者からまなざされていないことから生じる「生きづらさ」の問題へと転換しているという指摘である（土井，2008，大澤，2008）。

> 子ども・若者の
> 生活世界の変容と
> 消費文化世界の浸透

では，この「見られていないかもしれない」不安は，なぜ生まれるのか。その背景として，**消費文化**の浸透による生活世界の

大きな変容と関係構築の変容がある。

　消費文化の大きな特質は、情報や人間関係を含むあらゆるものが商品として消費される状況を一般化させることで、そうした商品の消費が、個別に行動する余地を広げ、それに応じて他者との結びつきの場面、共同的・集団的な行動の場面を狭める点にある。消費文化の浸透は、共同体内での結びつきを流動化させ、人間関係の流動化を進めていく作用をともなっており、いわば、共同体内での**個別化・個体化**の進行と、共同体のもつ**共同性・集団性の解体**とがセットで展開される点に特徴がある（中西, 2001）。

　この個別化・個体化の進行による関係の流動化は、生活の文脈を包括的に共有したかつての共同体（包括的コミットメント）に代わり、生活の文脈を限定的に共有する共同体（**選択的コミットメント**）を生みだす。選択的コミットメントにおける関係性の特徴は、参入・離脱の比較的容易な関係において、生活の文脈を限定的・選択的にのみ共有する親密性が中心になる点である（浅野, 1999）。

　つまり、消費文化の浸透によって、子ども・若者の生活世界は、多様な集団（選択的共同体）を渡り歩き、複数の顔を使い分けながらその場その場の関係を維持し、自分の居場所を確保しなければならないという状況が一般化したことを意味している（浅野, 2006）。また同時に、このような**関係の構築**は、つながり（同質性）を見つけてからかかわるという形で、対人葛藤をできる限り回避しながら同質的な関係を強化し、異質性を排除するような関係構築が可能になったことも意味している。

> 友だち関係の構築と「生きづらさ」

関係の構築におけるこのような**同質性の強化と異質性の排除**は、グループ間およびグループ内の関係づくりに以下のように現れる。

まず、グループ間の関係においては、グループの内と外とを分ける形で異質性を排除し、「**スクールカースト**」に象徴されているようなグループ間の関係の階層化・序列化が進められる。なお、**階層化・序列化**による地位の高低は、各自が身につけている学校的価値（属性や諸能力）や消費文化へのコミットメントなどの高低によって決まる傾向がある（鈴木, 2012）。このような階層化・序列化によって、自分の立ち位置や居場所が確保される側面もある。

これに対し、グループ内の関係では、「空気を読む」形で細かな配慮や気遣いを示しながら内部の対立や葛藤を顕在化させないようにしたり、「キャラ」を立てることでグループ内でのそれぞれの立ち位置（役割）を確保したりするなどの戦略が用いられる（土井, 2008）。また、いじめ問題でしばしば指摘されるように、グループの内部でも、常に排除される存在（異質な存在）を創り出すことでグループ内の結束が図られることもある。これらの同質的な関係のなかでなされる戦略は、現在の関係を維持し、互いに承認される関係（居場所）を確保するために不可欠なものとなっている。

いずれにせよ、子ども・若者にとって、このような関係づくりは、自分が生きていくための重要な課題となっている。しかし、「**みんなぼっち**」（藤村, 1999）の関係に象徴されるように、みんなと一緒にいて親密なはずなのに一人のときよりも孤独感をかかえ、友だちづきあいに悩んでいたり、「スクールカースト」の下位だけでなく上位に位置する者も、その関係のなかで悩みをかかえていたりする

現状（鈴木, 2012）を考えると, 子ども・若者の友だち関係で築かれている世界は, 常に自分が承認され, 居心地がよく安心できる世界とは必ずしもいえないだろう。

私たちは, 子ども・若者の人間関係の構築の仕方の変化を問題にする前に, 消費文化世界の浸透による生活における共同世界の縮小が関係の変容をもたらしている, という背景にこそ注目する必要がある。

4 学校という場を問い直す

<存在要求><発達要求>の実現を妨げる学校

以上,「生存」の問題と「承認」の問題という子ども・若者の生きづらさの背景には, それぞれ「貧困」状況を拡大するような客観的な生活環境・条件の悪化, 他方で, 消費文化の浸透による共同的な生活世界の縮小による他者との関係構築の変化があることを見てきた。

このような現状に対して, 学校は, 子どもたちの「生きづらさ」を加速させ, 拡大させる方向に機能してしまっている。この問題は, 第1に, そもそも学校が生きづらい空間となっており, 社会的な構造によって生み出されている「生きづらさ」を深刻化させていくために生じており（高橋, 2004）, 第2に, 子どもたちが**生活現実**のなかで築いている関係性の問題を学校が維持・拡大するために生じている。その結果, 学校は, 子どもたちのかかえる「生きづらさ」を拡大したり深刻化させたりして, 彼らの現在と未来にかかわる〈存在要求〉〈発達要求〉の実現を妨げる場となってしまう。

以下では，制度としての学校空間，学校における競争，社会的不平等の拡大・再生産，という3つの視点から，学校がかかえる問題を見ていこう。

制度としての学校空間の問題

第1の問題は，学校空間そのものが，苛立ち，ムカつき，落ち着きのなさ，慢性的な空虚感などの存在論的な不安定など〈欠如〉の感覚を生み出す空間であるという問題である。内藤朝雄は，〈欠如〉という感覚を生じやすい環境の条件として，①他人からの迫害，②自由を奪われる拘束，③ベタベタすることを強制されること，すなわち他人との心理的距離の不釣り合いな，あるいは強制的な密着，④全能感とのすり替え的誤用，という4つの条件を挙げている。内藤は，学校・学級という空間はこの4つがすべてそろった空間であり，いじめが，この〈欠如〉の感覚の埋め合わせの行動であると指摘している（内藤，2007）。

学校における競争の問題

第2の問題は，学校が**競争による教育**を組織することによって生じる問題である。この問題は，国内だけでなく，国際的にも指摘されている。たとえば，国連子どもの権利委員会によって，高度に競争的な学校環境が，いじめ，精神障害，不登校，中途退学，自殺などの諸問題を助長させている可能性があると再三（1998年，2004年，2010年）にわたって懸念が表明されてきている。

この学校における競争は，社会に有用な人材として選抜されるための学力および多面的な諸特性の競争（「学力競争」）と関心・態度や行動・性格の評価などによる学校的秩序に対する「**忠誠競争**」の

2つの競争があることがこれまでに指摘されてきている(竹内,1998)。

前者の場合は、競争相手を底辺へ落とし合う、排他的な自立へと駆り立てるため、子どもは常に自己の存在が脅かされる危機に直面する。後者の場合は、学力競争に参加しない子どもや、「生きづらさ」を「問題行動」としてしか表せない子どもは、学校的秩序に適応できない異質な存在＝「問題」のある子どもとして認識される。そして、「毅然とした粘り強い指導」をとおして「規範意識の育成・醸成」を図るなどして、学校的価値に強制的・権力的に適応させられる。また、適応できない場合には、徹底的な排除の対象とされる。こうした学校的秩序への適応への圧力は、教師からだけでなく、子ども同士からもなされる場合もある。

社会的不平等を拡大・再生産する問題

第3の問題は、学校が、**社会的不平等**が生み出す問題を拡大・再生産する役割を果たし、「生きづらさ」を解消するどころか、さらに深刻に継続させてしまう問題である。

たとえば、特色ある学校づくり(小中一貫校や中高一貫校、スーパー○○ハイスクールなど)や、「習熟度別指導」とそれに関連する発展的学習あるいは補充的学習などの取り組みが、個性を生かす教育の一環として進められている。しかし、これらの教育制度の多様化、教育内容・教育方法の多様化は、エリート養成のための教育とそうでない者のための教育に対応するものであるとの指摘がある(子安,2009)。

このように、現在の学校教育は、すべての子どもに適切な教育を保障するためではなく、社会的階層に応じた教育を効率的に実施す

るためのものとなっている。そのため、社会的不平等によって低学力状態にある子どもたちは、学校教育の早期から、教育を受ける機会が制限され、十分に保障されないだけでなく、その後の進路にも悪影響を受けることなどが懸念されている。

5 子どもとともに「生きづらさ」を乗り越える
生活指導実践より

子どもの生活現実から出発する

以上のような、生活世界や学校の変容のなかで、子ども・若者の「生きづらさ」と向き合うためには生活指導には何が求められるのかを考えてみよう。

第1に、「子どもの生活現実から出発する」ことである。「子どもの生活現実から出発する」とは、子ども・若者の心の問題のみを指導の対象としたり、子ども・若者の「生きづらさ」を生み出す原因を教師が代わりに解決したりすることを意味しない。また、子ども・若者の話を聴くことにとどまらない。

「子どもの生活現実から出発する」とは、生活現実と格闘している子どもたちと共闘するということである。すなわち、子どもと教師とがともに生きている生活現実を共有し、その生活現実を問うなかで、それぞれの苦悩が聴き取られる関係を生み出すことである。そして、この関係に励まされて、それぞれが〈存在要求〉〈発達要求〉を自覚し、これらの要求の実現に向けて、社会現実・生活現実の再構成・再構築を共同追求していく動きが生まれるのである。

> **教師自身が自分の「生きづらさ」と向き合う**

第2に、教師が子ども・若者と生活現実を共有しようとすれば、子ども・若者の「生きづらさ」と向き合うことと教師自身の「生きづらさ」と向き合うこととをつなげることが大切である。なぜなら、貧困の問題など人間らしく生きるための生存の基盤の危機をはじめ、孤立や孤独感をかかえ自己が存在する意味の喪失などの、子ども・若者のかかえている「生きづらさ」は、大人世代も同様にかかえていたり、これからかかえたりする可能性があるからである。つまり、子ども・若者の「生きづらさ」の問題は、今大人も巻き込まれている課題として、あるいはいつか巻き込まれるかもしれない課題としてとらえ、子ども・若者と大人とがともに**当事者**として取り組む課題として、「生きづらさ」の問題に対峙することを意味する。

> **内なる権力性と向かい合う**

さらに、子どもと教師との間で、それぞれの苦悩が聴き取られるようになるためには、この社会現実・生活現実の再構成・再構築の追求の過程で、教師自身が自らの指導のもつ**権力性**(暴力性)を問い、学校・教室空間を、子どもと大人が安心して生きられる空間へと変えていく日常的な取り組みを位置づけることが必要となる。

たとえば、**鈴木和夫**の実践を見てみよう。鈴木和夫は、「ぼくなんか、いないほうがいいんだ。死んでいればいいんだ」と言い、暴力的な行為を繰り返す児童Tとの対話を次のように述べている。

> Tはその生きづらさを、「ぼくなんか、いないほうがいいんだ。死んでいればいいんだ」と表現していた。自分を消滅させたいと感

> じるその衝動性と，そういうしかない彼の生きづらさに向かって，私は「本当にそうかい？」と尋ねた。Tは無言だった。その無言のうちに「ぼくは生きたい」という発露があって，その裏に，「生きたいのに，そうさせないなにかがあるのだ。でも，そのなにかがわからないよ」と言っているように聞こえた。Tにもわからないなにか，それが私にもわかるはずもなかった。でも，言葉にならないなにかをTは一緒に探して欲しいと言っているようにも聞こえた。そう聞こえたとき，Tと私の間には世界があると思った。
>
> 　それは，Tの暴力的な表出と私の内なる「国家」＝支配的な権力性，この双方を超えていく世界，そして，双方がもっている言葉では互いに言い表せない〈生きづらさ〉を超えていく世界のように見えた。
> 　　　　　　　　　　　　　　　　　　　　（鈴木，2005，61-62頁）

　鈴木は，「生きづらさ」を表出するTにたいする指導の過程で，「子どもの生きづらさに向き合っているはずの自分が，権力性をしだいにあらわにしているのではないか」と感じ，自己の指導，そして子どもへの向き合い方を疑い，教師であるとはどういうことかを問うようになっている。Tとの対話，そしてTとの対話をとおした自己との対話をとおして，鈴木は，教師としての自己を縛る「国家」＝支配的な権力性（暴力性）の存在に気づき，それが自身の「生きづらさ」を生み出す現実となっていることを自覚している。そこで鈴木ははじめて，「生きづらさ」を生み出す現実をTと共有し，Tと自身の生きづらさをともに乗り越えていく世界の模索，双方の「生きづらさ」を生み出す現実の変革に乗り出している。

　このように，学校・教室の権力性を転換することで，子ども・若者同士，また彼らと教師（大人）の関係が広がり，お互いに安心して生きることを実現するためのネットワークが新たに構築されていくのである。

Column④　ある事件から──子ども・若者がかかえる不安

2008年6月8日に秋葉原で，元派遣労働者の若者が起こした無差別殺人事件は，世の中に大きな衝撃を与えた。メディアでは，青年の置かれた社会的境遇──派遣労働などによる若者たちの不安定就労の実態──が事件の背景にあるという報道がなされ，若者を貧困に追い込む社会のあり方が社会的に問題となった。しかし，実際の裁判では，被告となった青年は，「派遣切り」などメディアが原因としてきた事柄を否定し，自分が拠りどころとしていたインターネットの「掲示板でのなりすましや荒らしを行う人へのアピール」だと主張したことが報告されている（中島，2011）。また，加害者の青年が事件を起こすまでを生育歴にさかのぼって詳細に調査した中島岳志は，この事件では，労働環境の不安定化という「生存」の危機の問題が，同時に「存在」の危機の問題とつながっていたことを指摘している（雨宮ほか，2009）。

この事件の後には，「自分が秋葉原の無差別殺人事件の被害者になればよかった（なりたかった）」と保健室で語る中高生のエピソードが紹介された（岩宮，2009）。この事件にまったく無関係な彼らの声に対して，自分が無辜の被害者になることで尽きることのない自己承認を得られると考えているのではないかという分析がある（土井，2009）。

この中高生たちと事件の加害者の青年は，実は同じような「生きづらさ」をかかえているのではないだろうか。それは，自己存在に不安をかかえ，他者から承認されたいと悩み，自分らしく生きる「居場所」を求めて苦しんでいる状態である。「居場所がない」という訴えは，中高生にとどまらず，小学生にまで広がっている。そうだとすると，自己の存在を肯定的に受けとめられていると実感できる関係（「居場所」）の喪失は，現代の子ども・若者の生きづらさに共通する深刻な問題であると考えられる。

また，この「居場所」に子ども・若者がこだわるのは，人間らしく生きるための生活基盤が奪われた生活現実に適応する1つの手段であるという見方もある。

近年，子ども・若者の「生きづらさ」の感覚の増大と矛盾するよう

な，彼らの高い生活満足感（幸福感）の増大に関する報告がなされている。この幸福感の増大は，子ども・若者なりの現実適応・社会適応の方法であり，彼らなりの生きづらい現実における幸福追求の姿であると指摘されている（豊泉，2010）。そのさい子ども・若者は，自らの幸福の水準を下げながら，自分たちがつくる関係のみに幸福を求める傾向があると指摘されている。だが，この幸福の手がかりとなるはずの友だち関係は本文でも述べたような問題をもつため，彼らの幸福追求は，関係からの排除という不幸・不安の増大も同時並行で進むことも指摘されている（中西，2012）。

　子ども・若者がかかえるこのような「生きづらさ」の問題に対して，生活指導はどのような世界と生き方をひらいていくのかが問われている。

引用文献

浅野智彦（1999）「親密性の新しい形へ」富田英典・藤村正之編『みんなぼっちの世界——若者たちの東京・神戸 90's・展開編』恒星社厚生閣。

浅野智彦（2006）「若者の現在」浅野智彦編『検証・若者の変貌——失われた 10 年の後に』勁草書房。

阿部彩（2008）『子どもの貧困——日本の不公平を考える』岩波新書。

雨宮処凛ほか（2009）『脱「貧困」への政治』岩波書店。

岩川直樹（2009）「子どもの貧困を軸にした社会の編み直し——〈貧困をつくる文化〉から〈貧困をなくす文化〉へ」子どもの貧困白書編集委員会編『子どもの貧困白書』明石書店。

岩宮恵子（2009）『フツーの子の思春期——心理療法の現場から』岩波書店。

大澤真幸（2008）「解説」見田宗介『まなざしの地獄——尽きなく生きることの社会学』河出書房新社。

厚生労働省（2014）「平成 25 年国民生活基礎調査の概況」厚生労働省 HP（http://www.mhlw.go.jp/toukei/saikin/hw/k-tyosa/k-tyosa13/dl/03.pdf）

子安潤（2009）『反・教育入門——教育課程のアンラーン 改訂版』白澤社。

鈴木和夫（2005）『子どもとつくる対話の教育——生活指導と授業』山吹書店。

鈴木翔（2012）『教室内（スクール）カースト』光文社新書。

高橋英児（2004）「暴力と平和の政治」子安潤・山田綾・山本敏郎編『学校と教室

のポリティクス――新民主主義教育論』フォーラム・A。
竹内常一（1998）『子どもの自分くずし，その後――"深層の物語"を読みひらく』太郎次郎社。
竹内常一・全国生活指導研究協議会編（2003）『教師を拒否する子，友達と遊べない子――子どもと紡ぐ小さな物語』高文研。
土井隆義（2008）『友だち地獄――「空気を読む」世代のサバイバル』ちくま新書。
土井隆義（2009）『キャラ化する／される子どもたち――排除型社会における新たな人間像』岩波書店。
豊泉周治（2010）『若者のための社会学――希望の足場をかける』はるか書房。
内藤朝雄（2007）『〈いじめ学〉の時代』柏書房。
中島岳志（2011）『秋葉原事件――加藤智大の軌跡』朝日新聞出版。
中西新太郎（2001）『思春期の危機を生きる子どもたち』はるか書房。
中西新太郎（2012）「いつでも幸福でいられる不幸」『教育』801号（2012年10月号）。
原田真知子（2007）「届かないことば 届きあうことば――もう1つのテーマ『出会い直し』」全国生活指導研究協議会編『"競争と抑圧"の教室を変える――子どもと共に生きる教師』明治図書。
藤村正之（1999）「〈みんなぼっち〉の世界」富田英典・藤村正之編『みんなぼっちの世界――若者たちの東京・神戸90's・展開編』恒星社厚生閣。
松本伊智朗（2008）「貧困の再発見と子ども」浅井春夫・松本伊智朗・湯澤直美編『子どもの貧困――子ども時代のしあわせ平等のために』明石書店。
見田宗介（2008）『まなざしの地獄――尽きなく生きることの社会学』河出書房新社。

第7章 いじめ・暴力のなかの子どもたち

First Question
① なぜ、学校では「暴力行為」や「いじめ」の問題が深刻化するのだろうか。
② 「暴力」という視点から「暴力行為」「いじめ」に共通する問題となる構造をつかんでみよう。
③ 「暴力行為」「いじめ」をどのように乗り越えていけばいいか。

1 「いじめ」はどうとらえられてきたか
文部科学省の調査から

調査の仕方で変わる認知件数

いじめ問題が注目を浴びるようになったのは、校内暴力が一時的に沈静化傾向を示した1980年代半ばのことである。その後、何度か社会問題となり、2012年に起きたいじめ事件を契機に2013年には国会で「いじめ防止対策推進法」が成立し施行される事態に至っている。

日本では、文部科学省（以下、「文科省」）がいじめを含めた児童生徒の「問題行動」に関する統計調査を行っており、その結果は、「児童生徒の問題行動等生徒指導上の諸問題に関する調査」として毎年公表されている。図7-1に示すグラフは、2013年に発表された2012年度の結果からのものである。

このグラフを見て、いじめが増加傾向にあると結論づけるのは早計だ。なぜなら調査対象や調査方法、調査項目（調査内容の定義）などが何度か変更されているからである。グラフのなかにある波線は、それを意味している。

たとえば、波線に示されている1994年度、2006年度にはいじめの定義が変更されている。また、1994年度にはこれまでの公立小中高等学校に加えて特殊教育諸学校（特別支援学校）も調査対象になり、さらに2006年度には国立・私立の各学校も調査対象になるとともに、件数の呼称も「発生件数」から「認知件数」へと改められている。

このようないじめの定義などの調査項目や調査対象の変更は、い

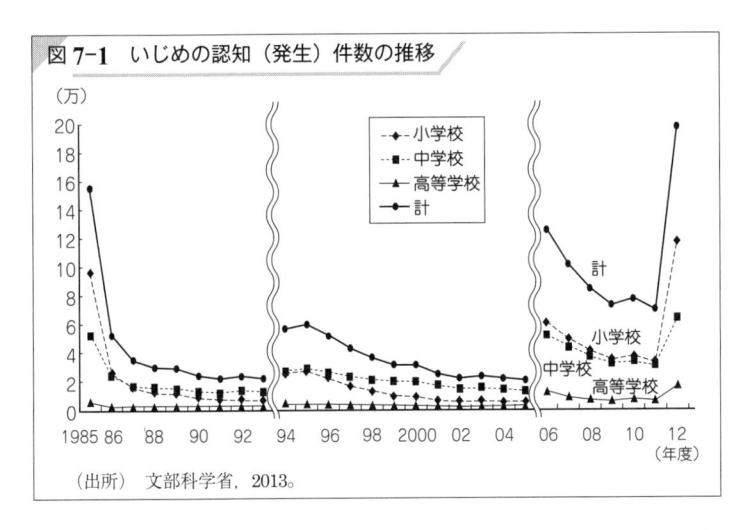

図 7-1 いじめの認知（発生）件数の推移

（出所）文部科学省，2013。

じめ問題が社会問題化したことをうけて行われている。グラフからは，いじめの定義が変更された直後はいじめの件数がもっとも多く，やがて沈静化していくパターンを繰り返しているのが見てとれる。これは，いじめが社会問題化した当初は，人びとがいじめに敏感になっており，認知される件数が多くなるためと考えられる。とりわけ，2012年度は，いじめ問題が再度社会問題化し，「いじめ防止対策推進法」が成立するなど社会的な関心も高く，いじめの認知が積極的になされたためである（*Column*⑤参照）。

いじめの定義をめぐる
議論が見落とすもの

文科省による調査では，どのような行為を「いじめ」とするかという定義（判断基準）がある。その定義にもとづいた事実認定は，「いじめ」という現象をわれわれがつかみやすいという利点がある一方で，その本質的な問題を隠してしまうことも往々にしてあることに注意しなければならない。

1 「いじめ」はどうとらえられてきたか

事件が「いじめ」として問題になるケースを考えてみよう。まず，問われるのは，「いじめ」の認定の妥当性と関係者の対応である。いじめに対する認定と対応が問われる過程で，「いじめではなかったと認識している」と説明していた関係者が，「いじめの行為はあった」と説明を覆し，謝罪することがよくある。「いじめの定義」に当てはまるかどうかで，いじめが存在したり，存在しなかったりという奇妙な状況が生まれているのである（照本，2013）。

大切なのは，事件を「いじめ」と認定するか否かではないし，「いじめ」と認定されなければ安心して胸をなでおろすことではない。子どもの心と身体が傷つけられている事実そのものや，いじめの被害者だけでなく，これらの行為へと駆り立てられている加害者もまた，苦悩し傷ついているということを直視しなければならない。

いじめは「心の問題」か？

国立教育政策研究所生徒指導研究センター（2010）の調査では，**競争的価値観**が，子どもたちのストレスを生じさせ，いじめに向かわせている可能性を指摘している。同調査では，子どもにストレスを与える要因を**ストレッサー**と名づけ，競争的価値観が強いほど，「勉強ストレッサー」「教師ストレッサー」「友人ストレッサー」「家族ストレッサー」を感じやすくなり，「不機嫌怒りストレス」を経由し，「**いじめ加害**」に結びつくことを指摘している。特に，いじめ加害に向かわせる要因として，「友人ストレッサー」「競争的価値観」「不機嫌怒りストレス」の3つが大きいことを挙げている。

このようにいじめを心理的なストレスとしてとらえる立場から，国立教育政策研究所生徒指導・進路指導研究センターが発表している

『生徒指導支援資料』では，これらの「問題行動」を起こす子どもたちの自尊感情や自己有用感を育てる取り組みの重要性や，学校での「**居場所**」や人間関係の「絆」の構築も強調されている。そのさい，いじめ対策として，「絆づくり」と「居場所づくり」に取り組む「**未然防止**」の視点と「**早期対応**」の視点が示されている（国立教育政策研究所生徒指導研究センター，2010，国立教育政策研究所生徒指導・進路指導研究センター，2013など）。

だが，『生徒指導支援資料』では，競争的価値観をいじめ加害のリスク要因だと指摘しながら，その問題に対しては表層的な対策を示すのみで，競争的価値観とそれを生み出す学校・学級の構造を問うてはいない（国立教育政策研究所生徒指導・進路指導研究センター，2013）。これでは，子どもたちの心や資質の問題へといじめ問題を還元し，彼らを学校秩序に適応させることに主眼を置いた対策であり，彼らの「問題行動」の背景にある「生きづらさ」を生み出す生活現実を問題にして変えていく視点を欠いているといわざるをえない。

2 いじめ・暴力行為の問題をどう読み解くか

構造的暴力という視点　　いじめや暴力行為の本質的な問題に迫るために，ここでは，ノルウェーの平和学者**ガルトゥング**（J. Galtung）が提起し，平和研究の基本的概念となっている「**暴力**」という視点を紹介しよう。

ガルトゥングは，暴力概念を以下のように定義している。

> ある人にたいして影響力が行使された結果,彼が現実的に肉体的,精神的に実現し得たものが,彼のもつ潜在的実現可能性を下回った結果,そこには暴力が存在する。　　　（ガルトゥング,1991,5頁）

　つまり,その人がもっている潜在的可能性の実現を直接的・間接的に阻むあらゆる「力」の行使を「暴力」としているのである。さらにガルトゥングは,この「暴力」を「**個人的暴力**」と「**構造的暴力**」とに区別している。前者は,「他者の行動の直接的結果として人間に危害をおよぼす」暴力であるのに対し,後者は,「個人の協調した行動が総体として抑圧的構造を支えているために,人間に間接的に危害をおよぼすことになる」暴力である。いわば,「暴力」が主体と客体とを直接的・個人的に結びつけているか,間接的・構造的に結びつけているかという視点から区別しているのである（ガルトゥング,1991）。この「暴力」の区別は,人びとの潜在的可能性の実現を阻む「暴力」の行為主体を人間（個人）だけでなく,諸個人が支えている社会構造や社会システムにまで広げて問題にしている点に特徴がある。

　さて,こうしたガルトゥングの「暴力」概念から子どものいじめと暴力行為をとらえ直してみると,物理的・身体的なものと心理的なもの,直接的なものと間接的なものといった形態等の違いはあるにしろ,どちらも被害者の潜在的可能性の実現を妨げる行為としては同じであることがわかるだろう。また,こうしたいじめと暴力行為は,個人的な暴力であるだけでなく,構造的暴力とのかかわりからとらえることも可能である。なぜなら,いじめや暴力行為は,子どもたちの間に直接的に現れる行為であるが,これらの行為を支えていたり,促進したりするような構造が彼らの生活現実のなかには

あるからである。

> 自尊感情の傷つきの表現，それを取り戻すための行為

では，なぜ，いじめや暴力行為という形で，その人のもつ潜在的可能性を奪う「暴力」を子どもたちは行ってしまうのだろうか。多くの教師たちは，子どもたちの暴力行為やいじめのなかに，彼らが受けてきた傷つきを発見している。暴力的なトラブルを繰り返す子どもが教師に語った以下の言葉に，それは端的に表れている。

> 小さい時から変な子，と言われ，悪口を言われていた。僕が振るう暴力より，僕が受けた心の傷の方が深いよ。言葉で言ってもわからない。ぶったり，殴ったりしたほうが，ぼくの心の傷がどんなものかわかるんだ。ぼくはぼくなんだ。……ぼくは今，復讐しているんだ。小さいときのぼくに代わって，大きくなった今のぼくがやっているんだ。あいつらは，小さいときからぼくを変な子って言っていたからね。
> (鈴木, 2005, 268-269頁)

この言葉から，この子どもが，周囲からのいじめによって自分の誇りや自尊心を奪われ続けて傷ついてきたこと，そして，その奪われてきたものを取り返そうとして暴力行為へと駆り立てられている彼の苦しみが伝わってくる。

また，大阪の道頓堀川ホームレス襲撃事件（1995年）の取材をとおして，子どもたちが「**弱者いじめの連鎖**」の世界に追いやられている現状を訴えたルポライターの北村年子は，いじめる側の声にふれ，次のように述べている。

> "自分に価値がある" と思えない気持ちから，自分より弱く低い位置にだれかを置き，他者の価値を否定し，攻撃することで，「自

> 分の価値」を確かめ，保障し，奪われた"自尊心"を取り戻そうとする行為——それこそが「いじめ」なのだ。(北村, 2009, 187頁)

　北村は，他者の**自尊心**を奪うことで自分の価値を取り戻そうとするか，弱い自分をさらに否定し，自分のいのちそのものを傷つけ，抹消していく姿を「弱者いじめの連鎖」だと指摘した。この「弱者いじめの連鎖」は，いじめだけではなく暴力行為にも共通する。「やられたらやりかえせ」「やられるほうが悪い」などの暴力行為を肯定する声には，暴力を肯定し，自己と他者のかかえる「弱さ」を否定し，「弱さ」への攻撃を正当化する姿が見られるからである。

　私たちは，いじめや暴力行為という「暴力」が，自己の尊厳を奪われ，自尊心を傷つけられたことに対する子どもたちの表現であり，奪われ，傷つけられた自己の価値を取り戻すための行為であることを読み取る必要がある。その意味では，「**加害者の被害者性**」という視点が重要である (山本, 2007)。そして，この「加害者の被害者性」という視点に立ち，北村が指摘しているように，自己の存在への価値と権利の意識，その基盤となる自尊感情を子どもたちから奪っているものをこそ問題にしなければならないだろう。

3　「暴力」のなかの子どもたちの関係性

　では，「暴力」のなかで，子どもたちはどのような関係を生きているのだろうか。以下では，いじめと暴力行為 (たとえば，暴力をともなういじめなど) は重なり合う部分が多いことも考えて，いじめに現れる人間関係の特徴を示しながら，子どもたちの関係の特徴を考

えてみよう。

> 垂直暴力と水平暴力

垂直暴力とは、地位や権力等によって形成される上下関係（垂直的な関係）のなかでなされる暴力であり、**水平暴力**とは、対等な（水平な）関係のなかでなされる暴力のことをいう。いじめの場合、「自分より弱いもの」（**異質**な存在）へのいじめ、「一定の人間関係」（**同質的**な関係）内でのいじめが併存しているが、前者が垂直暴力、後者が水平暴力と位置づけられる（照本、2013）。

「自分より弱いもの」（異質な存在）へのいじめは、集団生活のなかで浮かび上がる微妙な差異（「格好をつけている」「空気が読めない」など）を示す者を「異質」として排除と迫害を集中させる形で行われる。そのため、周囲から孤立傾向にあるものへの集団的迫害（垂直的な暴力の文脈）という特徴をもつ。これに対して、「一定の人間関係」（同質的な関係）内でのいじめは、「同質」的な価値観や行動様式を共有する親密なグループ内での**支配―被支配**の位置取りをめぐるパワーゲームという形で行われる。そのため、被害者と加害者の関係が相補的な関係にあるもので、「すみわけ」された固定的な人間関係における「弱者」への攻撃（水平的な暴力の文脈）という特徴をもつ（照本、2013）。

これは、暴力行為においても同様の傾向が見られる。対教師暴力や教師による体罰は垂直暴力に位置づけられるが、生徒間暴力の場合、「異質」な存在に対する排除と迫害として行われる垂直暴力と、同質的な関係内でのパワーゲームとして行われる水平暴力の双方が考えられる。

いじめの四層構造　垂直暴力，水平暴力ともに**加害者**と**被害者**という2つの層の存在が共通するが，その周囲には，加害者と被害者を取り巻く第3，第4の層がさらに存在している。

　森田洋司は，いじめが起こる**集団**の構造として，①被害者（いじめられっ子），②加害者（いじめっ子），③観衆，④傍観者の四層構造を提起している。この四層構造は，いじめの発生・広がりを加害者と被害者の問題に限定するのではなく，それを取り巻く集団の問題からとらえようとするものである。特に，「観衆」は，いじめ行為を積極的に支援し，促進する役割を担う存在であり，「傍観者」は，いじめ行為に対しては消極的・否定的でありながらも，それを見て見ぬふりをするなどして黙認することで，間接的にいじめを支えてしまう存在である。しかし，この「傍観者」は，いじめに対する否定的な反作用力としていじめを抑止する存在になる可能性も秘めている（森田・清永，1994）。このような四層構造は，いじめだけでなく暴力行為においても共通に見られると考えられる。

加害者であると同時に被害者であること　また，いじめの四層構造は，決して固定しているのではなく，そのなかでは立場が流動的に常に入れ替わっている。第1節で紹介した国立教育政策研究所生徒指導・進路指導研究センターの調査では，小中ともにいじめの被害者・加害者ともに大きく入れ替わっており，「いじめられやすい子ども」「いじめをしやすい子ども」がいるわけではないというデータが示されているからである（国立教育政策研究所生徒指導・進路指導研究センター，2013）。また，中学校のデータでは，毎回「クラスに3〜6名」程度の割合で子どもが被害

に遭っている一方で，常習的な被害者と考えられるのは1000名につき3名であるという結果と，中学3年間に約8割以上が「仲間はずれ・無視・陰口」の加害・被害双方を経験しているという結果が示されている（国立教育政策研究所生徒指導研究センター，2010）。その意味で，いじめは一部の子どものみに起こる問題ではなく，だれにでも起こる問題である。

ただし，暴力をともなういじめや暴力の場合は，加害体験や被害体験はそれなりに広がりがあるものの，だれにでも起こりうるとはいいにくいこと，また，限られた一部のものが継続し繰り返していることなどが報告されている（国立教育政策研究所生徒指導・進路指導研究センター，2013）。

「暴力」を支える「秩序」——集団が築いている暗黙のルール

今述べたように，8割以上の子どもがいじめの加害・被害の両方の立場を体験しているとすれば，いじめは，一部の子どものみに起こる問題ではなく，いじめや暴力行為を支える子ども集団の「秩序」の問題としてとらえなければならない。

この点にかかわって，いじめは個人の資質や属性の問題ではなく，「集団規範や仲間内の暗黙の合意から外れた行動への否定的な反作用という社会過程の産物」であり，「集団のなかで優位に立つ側による力の濫用」であるという指摘がある。集団規範や仲間内の暗黙の合意から外れた行動という理由づけでなされるいじめは，集団や仲間内の制裁として行われるため，規範に裏打ちされて正当性をもち，いじめる側にはいじめ行為を正当化するものになり，いじめられる側にはいじめ行為を甘受させるものとなってしまう（森田，1998）。

問題は,いじめを容認する集団の「規範」や「暗黙の合意」の内実である。内藤朝雄は,子どもたちが行ういじめの場の「秩序」とは,「あそび」による「ノリ」の秩序であることを指摘している。いじめの加害者は,〈欠如〉という感覚(たとえば,苛立ち,ムカつき,落ち着きのなさ,慢性的な空虚感などの存在論的な不安定)を他者をコントロールすることで得られる暴力の全能感で補完しようとする。そのため,いじめ被害者をおもちゃとして「使用する＝あそぶ」共同作業の秩序のなかに生きている。そして,この子どもたちがつくっている秩序においては,この秩序を維持するようにみんなの「ノリ」に同調することが「よい」ことであり,それを壊すような行為は,被害者の尊厳や人権を守るといった「普遍的ヒューマニズム」であっても「わるい」とみなされ,反感と憎しみの対象となる(内藤,2001および2009)。

　このような秩序感覚は,いじめた側が,いじめ行為をとがめられたときに,しばしば「あそび」であったと弁解し,自分たちがいじめているという認識や感覚を持ち合わせていないことによく現れている。また,いじめられる側も,いじられキャラを演じ,いじり―いじられという役割関係をつくり,このノリ＝秩序を維持することすらある。

　このような「ノリ」という名の秩序は,かりそめの共同性でしかないが,子どもたちが築いている関係を壊さないための戦略でもある。これは,第6章でも述べたように,子どもたちのなかに,孤立化を避け,つながりを維持するために,対立や衝突の回避を最優先するような人間関係が広がっていることが背景にある。

4 「暴力」の内面化

　以上，いじめに現れる人間関係の特徴を見てきた。子どもたちは，自分が生き延びるために直接的・間接的に「暴力」の秩序を支え，拡大させながら生きている。このような「暴力」が浸透した関係は，他者との関係や集団内の関係の問題にとどまらず，子どもの人格形成に深刻な影響を与えている。

　「暴力」が浸透した関係において，自分の周囲にいる他者（外的な他者）は，暴力的な他者として現れるため，子どもたちは，その暴力的な他者を「内面化」し，支配的な他者として自己のなかに根付かせていく。この支配的他者（内的な他者）は子どもたちを抑圧し支配するだけでなく，同時に，内的・外的な「他者」に対する恐れと不安を増大させていく。その結果，子どもたちは，内的・外的な「他者」への恐れや不安を「問題行動」として表出させる一方で，自分の周囲の他者を信頼できず，人格と人権を相互に承認し，尊重し合う平和的な関係を結べないようになる。こうした過程で，子どもたちは，自分自身，他者，そして自分と他者が生きている世界を信頼できないようになり，「自己」「他者」「世界」の呼びかけに応えて立ち上がる人格主体であることを放棄すらしてしまうことも生じているという（竹内, 2000）。

　2000年に佐賀で起きたバスジャック事件の加害少年を例に，上記の問題を考えてみよう。少年は，事件を起こす数カ月前にあるメモを残していた。そのメモのなかで，少年は，自分のなかに最近現れた「人を殺せ」とすすめるもう一人の別の自分と，そのもう一人

の自分の声に苦悩し「だれか僕を止めてください」と救いを求める自分との葛藤を書いている。この少年は，中学校時代に同級生からひどいいじめを受け，中学卒業後は高校も中退し，家庭内暴力を繰り返していた。この少年の「人を殺せ」という声は，この少年がこれまでの人間関係をとおして内面化した暴力的な他者が発する声である。この少年の自己の内部では，暴力的なものと平和に生きたいと願うものとの分裂と葛藤が生まれ，やがて，暴力的なものへと一方が飲み込まれていってしまった。

私たちは，子どもたちは「暴力」が浸透した関係を生きながら，暴力的な自己と平和的な自己との間で葛藤をかかえ，自己・他者とともに平和的に生きたいと苦悩していることを忘れてはならない。

5 いじめ・暴力行為に取り組む生活指導の構想
生活指導実践より

子どもたちとともに生活現実を問う

いじめや暴力行為への取り組みでは，子どもたちを「暴力」的な関係や世界から解放し，自己・他者とともに平和的に生きる世界を創造しようとする意志や希望を育むという視点から構想される必要がある。したがって，「いじめ」や「暴力行為」を乗り越える指導では，これらの「問題行動」へと駆り立てられている子どもたちの苦しさを分かち合い，そうさせてしまう**生活現実**の問題を問い，この問題を子どもとともに変革していく指導が必要である。それは，子どもたちを「暴力」へと駆り立てる構造的暴力に対抗する世界を学校・教室のなかから築き広げていくことでもある。以下では，原田真知子の「いじめ」を乗り越える実践を紹介しながら，具体的に

考えてみよう。

　原田は、前年度、授業妨害や教室抜けだし、いじめや暴力などの「問題行動」で有名であった4人組（力也・友也・洋輔・大和）のうち友也・洋輔・大和の3人組を小学5年で担任する。新たなクラスでも、いじめや暴力などの「問題行動」を行う3人組に対し、原田は、子どもたちの現実や思いから出発する実践を行っている。その実践は、問題の中心にいる3人組、学級のリーダー、クラス全体への指導を連動させながら展開されている。

　3人組に対しては、彼らの話につきあいながら、原田が彼らと話せる関係を広げるとともに、4人組の保護者らと子育ての苦悩や家族の問題を語り合い、励まし合う関係を築いていく。また、3人組にいじめられたり、暴力を受けたりした子どもたちと**リーダー**的存在の子どもたちを集めて「励ます会」を結成し、被害者が出るたびに放課後や休み時間にこっそり招集し励まし合い、どうかかわっていくかを相談させる。原田は、励ます会の子どもたちに対して、3人組が暴力やいじめをしなくてはいられない現実を見つけていくことを重視しているという自身の指導方針も伝えている。

　原田と3人組との間に信頼関係が生まれ、励ます会の活動が積み重ねられるなかで、原田と子どもたちは、4人組の人間関係が力也を中心にいじめを内包した支配—被支配の関係グループであり、友也ら3人組は、力也とともにかわるがわる3人組のだれか一人を外し合い、互いに傷つき苦しんでいること、そして、3人組のいじめや暴力が、結束のための手段であったことをつかむ。さらに原田は、力也自身も、家庭での父の暴力におびえながら、その暴力性を内面に取り込んでしまっていることもつかむ。

　このような事実を確認していくなかで、励ます会の子どもたちは、

3人組をこそ励ますのだという認識をもち,「友だちになる」という方針をもって3人組に積極的にかかわり始める。そして,教師とともに3人組の行動を読み取り,クラスの課題を考えていくようになる。力也も,学級に居場所をつくろうとする担任の努力によって,少しずつ変化を見せ始めていく。

原田は,さらにクラス全体で,新聞から意見を交換し合うテーマを選び,それを匿名による紙上討論を行いながら,見えない相互理解と世論形成を行っていく。紙上討論を積み重ねるなかで,子どもたちが3人組に対して直接要求できるような関係が生まれ,3人組とクラスの関係が変化していく。やがて,3人組は解体し,いくつかのグループに分かれて遊ぶようになり,トラブルが生じるたびに,グループ内で話し合ったり,学級全体の課題として全体で話し合ったりする関係が生まれていく(原田,2001)。

「いじめ」「暴力行為」を乗り越える生活指導の視点

この原田の取り組みから,いじめや暴力行為など「暴力」の問題を乗り越えるために重要な点を4点挙げよう。

第1に,被害者に対する**ケア**の方法である。原田実践では原田だけが被害に遭った子どもたちにかかわるだけではなく,学級のリーダーたちも,「励ます会」という形で被害者のケアにかかわっている点が注目される。もちろん,教師にしか把握できないこと,教師でとどめておくべきこともあるが,学級のなかで生じた問題を可能な限り子どもたちと共有して解決していこうとしている点に特徴がある。

第2に,3人組の暴力の被害に遭っていた子どもたちだけでなく,加害者であった3人組の子どもたち(さらにその保護者たち)の苦し

さや思いを丁寧に聴き取り，信頼できる大人として彼らの前に現れている点である。

第3に，いじめや暴力に向かわせる生活現実を子どもたちとともにつかみ，その生活現実の問題に批判的に介入する可能性を探っていることである。これは，保護者とのかかわりや，励ます会での原田と子どもたちの行動に現れている。また，原田と保護者たちは，相互の関係を築くなかで，家族を追い込む「しくみ」に気づき，そこから抜け出すために学び合っている。家族が置かれた社会的現実，学校の指導体制も含めて，暴力やいじめに向かわせる問題をつかみとろうとしている点が重要である。

第4に，いじめや暴力行為へと追い込む生活現実にたいして，その現実を変えていくための協同の取り組みを展開している点である。その取り組みの過程では，いじめを生み出す生活現実を認識することで，加害者＝3人組と被害者＝励ます会の子どもたちという子どもたちの関係認識が変化し，問題をともに解決する協同関係を築こうとする意志が生まれている。原田が行った紙上討論や討論会もこうした協同関係を生み出す手がかりとなっている。

さらに重要なのは，学級で生まれたこの協同関係は，自分たちの学校生活にたいする疑問を出し合いながら，学校を楽しくするための取り組みへと発展している点である。このような子どもたちの学校への働きかけは，いじめや暴力行為を生み出すような構造的暴力に対抗する世界を築くことへとつながっている。

以上から，①被害者だけでなく加害者の声を聴き取ること，②加害者だけでなく被害者も直面している生活現実の対象化と問題の発見，③問題への協同の取り組みと人間関係・基本的信頼感の回復（「加害者」と「被害者」の和解），という3つの指導の視点が挙げられ

る。そして，この3つの視点から指導が展開される過程で，子どもたちの自己の存在への価値と権利の意識，その基盤となる自尊感情が回復していくと考えられる。

暴力行為を繰り返す子どもの「僕が僕を止められない」という叫びにたいして「傷ついた分だけ荒れなければ，こころが癒やされないのかもしれない」と考える教師（小野，2005）や，いじめたりいじめを見て見ぬふりをしてきた子どもの「ぼくは，別にみんな悪いとは思っていない。だってみんなやんないと生き残れないからです」という訴えにたいして「おとなとして『あなたのせいじゃない』と言うべきだったのではないか」と自問自答する教師（原田，2013）のような問題のとらえ方が，今求められているのではないだろうか。私たちは，暴力行為やいじめに駆り立てられている子ども個人を問題にするのではなく，そうした子どもたちが生きている生活現実や，社会や学校の仕組みをこそ問題にしなければならない。

Column ⑤ 暴力行為・いじめは増えているのか？

暴力行為やいじめは増えているのだろうか。「児童生徒の問題行動等生徒指導上の諸問題に関する調査」が毎年発表されるたびに，「昨年より○倍増加」「過去○年で最悪」などの見出しがメディアを賑わしてきた。しかし，暴力行為やいじめに関する調査は，本文で述べたように，調査方法や調査対象等が変化しており，単純にデータの比較ができないし，調査結果が社会的関心の高さに左右されることに注意しなければならない。特に，社会的関心が高まるなかで，これまではいじめや暴力行為と判断されなかったものが，いじめや暴力行為と判断されるようになることもある。

むしろ，暴力行為もいじめも過去から増加し続け，現在がピークであるという言説と対立するデータも存在する。たとえば，警察庁『警察白書』内の「警察が処理した校内暴力事件」の事件数，検挙・補導

人員数（昭和48年度〜）をさかのぼって調べてみると，事件数のピークは1983（昭和58）年度である。検挙・補導人員数のピークは1981（昭和56）年度である。「平成26年警察白書」で示された2013（平成25）年度の事件数はピーク時の7割程度，検挙・補導人員数はピーク時の2割程度となっている。もし，暴力行為が深刻化し，増加し続けているのであれば，この警察統計のデータも増えていなければならないはずだ。

また，いじめの被害者・加害者の数に急増・急減という傾向はないという調査もある。「児童生徒の問題行動等生徒指導上の諸問題について」が学校・教師に対する調査であるのにたいし，本文で紹介した国立教育政策研究所生徒指導・進路指導研究センターによる調査は，児童生徒を対象とした調査であり，興味深いデータや知見を提供してくれている。この調査では，1998（平成10）年度以降，いじめが社会問題化した時期も含めて，子どものいじめ経験の割合はほぼ一定しており，「似たような割合で子どもたちはいじめを経験している」と指摘されている。また，暴力をともないいじめも急増・急減という事実がないことも指摘されている。

「児童生徒の問題行動等生徒指導上の諸問題に関する調査」の2012年度の結果では，いじめの件数が前年度の2.8倍となったことが報告された。しかし，今回の調査で数値が増加したのは，積極的にいじめを認知した努力の結果であり，件数の増加を否定的にはとらえていないという関係者の見解がメディアで報道された。数年前までは，件数が多いことが否定的にとらえられ，問題にされたことを考えると奇妙な話ではないだろうか。

私たちは，調査の結果に一喜一憂するのではなく，目の前の子どもたちの姿やさまざまなデータなどを用いて，多角的に問題に迫っていくようにしなければならない。

引用文献

小野由岐（2005）「傷ついた分だけ荒れている？」『生活指導』618号（2005年6月

号）。

ガルトゥング，J.／高柳先男ほか訳（1991）『構造的暴力と平和』中央大学出版部。

北村年子（2009）『「ホームレス」襲撃事件と子どもたち——いじめの連鎖を断つために』太郎次郎社エディタス。

警察庁「警察白書」（http://www.npa.go.jp/hakusyo/index.htm）

国立教育政策研究所生徒指導研究センター（2009）『生徒指導支援資料「いじめを理解する」』。

国立教育政策研究所生徒指導研究センター（2010）『生徒指導支援資料2「いじめを予防する」』。

国立教育政策研究所生徒指導・進路指導研究センター（2013）『生徒指導支援資料4「いじめと向き合う」』。

鈴木和夫（2005）『子どもとつくる対話の教育——生活指導と授業』山吹書店。

髙橋英児（2004）「暴力と平和の政治」子安潤・山田綾・山本敏郎編『学校と教室のポリティクス——新民主主義教育論』フォーラム・A。

竹内常一（2000）『教育を変える——暴力を越えて平和の地平へ』桜井書店。

照本祥敬（2013）「『いじめ』問題と向き合うとは」『生活指導』706号（2013年2・3月号）。

内藤朝雄（2001）『いじめの社会理論——その生態学的秩序の生成と解体』柏書房。

内藤朝雄（2009）『いじめの構造——なぜ人が怪物になるのか』講談社現代新書。

原田真知子（2001）「『悪ガキ』たちとともに」全国生活指導研究協議会常任委員会編『暴力をこえる——教室の無秩序とどう向き合うか』大月書店。

原田真知子（2013）「学校を『奪わない』場にしたい」全国生活指導研究協議会「いじめブックレット」編集プロジェクト編『〈いじめ〉〈迫害〉——子どもの世界に何がおきているか』クリエイツかもがわ。

森田洋司（1998）「いじめの集団力学」佐伯胖ほか編『岩波講座 現代の教育——危機と改革4 いじめと不登校』岩波書店。

森田洋司・清永賢二（1994）『新訂版 いじめ——教室の病い』金子書房。

文部科学省（2013）「平成24年度 児童生徒の問題行動等生徒指導上の諸問題に関する調査」。

山本敏郎（2007）「加害の側の子どもの苦悩に寄り添い，つなげる」『生活指導』642号（2007年6月号）。

第8章 特別なニーズのある子どもたち

「ここはこうしようよ」「あの子には少し難しいんじゃないかな」「わたしは大丈夫だよ」「他にいい方法はないかな」——一人を大切にし，みんなが大切にされる時間と空間を子どもたち自身がつくりだす。

First Question

① 「特別なニーズ」が教育のなかで意識化されてきた歴史を見てみよう。
② 「特別なニーズ」を大切にする生活指導実践はどのようなものとなるのか。
③ 「特別なニーズ」を互いに大切にし合える学級はどのような集団であるのか。

1 「特別なニーズ」の発見と生活指導の再考

「特別なニーズ」のある子どもたちがいる風景

「アノコ，チョットオカシイヨネ」「アノコ，ナニカヘンダヨネ」「ワタシタチトハチガウヨネ」「チョットコワイヨネ」——こんなふうに思わずにはいられなかったクラスメートが，あなたの周りにはいなかっただろうか。「センセイハアノコバッカリカマッテ，ワタシタチノコトヲキニカケテクレナイ」「ワタシタチハコンナニガマンシテイルノニ，アノコハアマッタレテイル」「アノコサエイナケレバ……」と思わずにはいられなかったことはなかっただろうか。

集団の大多数と同じようにふるまったり考えたりすることができない，いや正確には，同じようにふるまったり，考えたりすることができていないと大多数がみなした者に対して，その者が自分たちの集団の不安定さを引き起こすかのごとく決めつけ，蔑みや暴力ないしは排除の圧力を加えていったことはなかっただろうか。こうした現状を打破しようとした教師には，「ワタシタチノキモチヲスコシモワカッテクレナイ」として指導を拒否しようとしたことはなかっただろうか。

あるいはあなた自身が，「みんな」と「同じ」ようにふるまうことができなかったり，「同じ気持ち」になることができなかったりして，そのたびごとに自分自身を責めたり，クラスメートを傷つけることをとおして自分自身を傷つけたりしながら生きてきたかもしれない。そのときあなたは，集団のなかにいながら絶望的な孤独を

感じたり,自己の存在意義を自ら否定しようとしたりして自暴自棄になるような,そんな自分が脳裏に浮かぶことはないだろうか。

もしもこうした光景に思いあたるところがあるなら,今一度思い出してほしい。その光景が「日常」であったことを。毎日繰り返される,「普通の日々」であったことを。永遠に続くかと思われた「日常」であったからこそ,希望を根絶やしにされ,荒(すさ)んでいったり,考えることをやめたりしていったことを。

> 「特別な教育的ニーズ」の提起とインクルージョンの思想

上述したような「日常」を問い直すべく,「特別なニーズ」という概念は登場してきた。

「特別なニーズ」という概念は,「ウォーノック報告書」(1978年)で提起された「特別な教育的ニーズ」という概念がもととなっている(詳しくは *Column* ⑥参照)。この「特別なニーズ」という概念は,**「サラマンカ声明」**(1994年)(正式には「サラマンカ声明ならびに特別なニーズ教育のための行動の枠組み」〔The Salamanca Statement and Framework for Action On Special Needs Education〕という)を契機に,教育政策ならびに教育実践における重要な概念として世界的に意識化されるようになった。

「サラマンカ声明」は,「世界人権宣言」(1948年)で示された教育を受ける権利を再確認しつつ,「子どもの権利条約」(1989年)や「万人のための教育に関する世界会議」(1990年),国連の「障害のある人びとの機会均等化に関する基準原則」(1993年)の到達点をふまえた声明である。それは,1994年6月にスペインのサラマンカ市において,ユネスコとスペイン教育科学省が共催し,92カ国の政府と25の国際組織を代表する300人以上が参加して開催され

た，特別なニーズ教育に関する世界大会において採択された。

「サラマンカ声明」は，「学校という場所は子どもたちの身体的・知的・社会的・情緒的・言語的・もしくは他の状態に関係なく，すべての子どもたちを対象とすべきである」ことを明確に主張している。ここで「すべての子どもたちを対象とすべき」とあるように，人種や民族，経済状態や社会的地位等々を背景とする一人ひとりの子どもたちの多様な事情そのものが，その子どもにとっての「特別なニーズ」として把握されているのである。そうだとすると，特別なニーズ教育と特別支援教育とを同一視しようとする傾向は，特別ニーズという概念がもつ，一人ひとりの子どものもつ多様性にもとづくニーズの尊重という思想性を，障害児教育だけに閉じ込めてしまうことになる。すなわち，サマランカ声明は，身体的・知的・社会的・情緒的・言語的な状態あるいは人種，民族，経済状況，社会的地位等によってどんな人も排除されることのない**インクルーシブな社会**（inclusive society）の創造を見とおしていると考えることができるのである。

インクルーシブな社会の創造を支える鍵概念としてのインクルージョンは，一般に「包摂」と訳される言葉ではあるが，それは少数の側にある人を大多数の側に組み込んで同化していくことでは決してない。多様な背景をもった人びとが自己の存在を否定されることなく，ともに生きうる状態を意味する概念なのである。付言するならば，インクルージョンは「サラマンカ声明」において参加概念とともに強調されることで，既存の社会をよりインクルーシブなそれへと変革していくことを促す意味も込められていることを押さえておこう。

2 「特別なニーズ」教育の政治性

**「特別なニーズ」を
めぐる境界線**

ここで改めて,冒頭でふれた「特別なニーズ」のある子どもがいる風景を想起してほしい。ある集団のなかで少数の側にいる者は,その子ども固有の「特別なニーズ」があるがゆえにそこにいるわけではない。ましてやその子ども自身が少数の側にいることを自ら選びとったわけでも,多くの場合は,ない。集団の大多数と同じようにふるまったり,考えたりすることができていないと大多数がみなした者が,少数の側に振り分けられるのである。

ここには,「健康な者―病弱な者」や「定型発達児(者)―障害児(者)」といった,単純な二項対立の図式には還元することのできない問題がある。「われわれ―奴ら」に象徴されるように,大多数の側にいる者たちが境界線を引き,異質な存在をその境界線の向こう側へと排除する政治がそこで行われているのである(=境界線を引くという政治性)。「排除する」(exclude)ことも「包摂する」(include)ことも大多数の側の決定に委ねられている。このことが,「特別なニーズ」のある子どもがいる風景のもっとも深刻な問題である。それは,少数の側に位置する者から思考することや意志をもつことを奪い,隷属状態に陥れていることにほかならないからである。大多数の側には少数の側にいる者たちの声を聴く気がなく,聴く気がない者たちに,少数の側に振り分けられた者の声が届くはずもない。こうしてこの**権力関係**は温存されていくのである。

加えて,「特別なニーズ」が何であるかの決定権が自らの手に委

ねられていることに教師自身が無自覚であるならば,「手に負えない」子ども――「特別なニーズ」が何であるかの判断がつきかねる子ども――に出会ったとき,その子どもを排除する誘惑に教師はからめとられてしまうおそれがある。すなわち,自身の「理解」を越えた子どもからの呼びかけを受けた際,その呼びかけの「意味」を解釈することのできない教師の側の問題を顧みることなく,子どもの側の問題――曰く「あの子は病気だから……」「あの子には障害があるから……」「あの子の家庭は○○だから……」シカタガナイ――として「説明」してしまう可能性が高まるということである。このとき,その子どもたちの呼びかけに応答する責任があるのは「自分ではない他のだれか」の仕事であるとして,その子どもへの応答を放棄していくのである。

　これらのことは必ずしも教師個人の「弱さ」に由来するものではない。それだけではなくて,一人ひとりの教師に「子どもたちを『きちんと』させなければならない」「『きちんと』させられない教師はダメ教師である」という主張を暗黙裡に強要してくる学校そのものがもつ権力性に由来しているとも考えられよう。そうであるならば,こうしたことは,少数の側に位置づけられた子どもの個人的な事柄に応答することで解決する類いのものでは決してない。その子どもの周りに張りめぐらされた権力関係を読みひらき,支配する―支配されるという関係を編み直していくことによってのみ,その状態を脱することが可能となるのである(湯浅, 2004)。

「特別なニーズ」教育に内在するパターナリズム

　「特別なニーズ」をもつ者たちを異質な存在として境界線の向こう側に排除せず,包摂しようとする側,すなわち,子どもたち

一人ひとりに固有な「特別なニーズ」に誠実に応答しようとする教師であればあるほど陥りやすい課題がある。

　子どもたちのためになることを考えて，「特別なニーズ」を「発見」し，そのニーズに応答しようとするのだが，当該の子どもが本当はどうしたいのかを問うていないため，自らの応答を子どものためになる善行と思い込んでしまうことがある。そればかりか，そのニーズに「応答」した行為への感謝までをも要求するか，「応答」した自分自身に酔ってしまうことさえある。このような力関係を，**パターナリズム**（特に父権的温情主義）と呼ぶ。

　たとえば，「今日の予定」をみんなの前で話したり黒板に書いたりしただけではその内容を認識しづらい子どもだけに「今日の予定」のプリントを配るような試みが奨励されることがある。もちろんそれは，その子どもにとって「よかれ」と思ってやっていることであることに疑いはないが，すでにそこにパターナリズムの罠がある。すなわち，その試みには「そのプリントを当該の子どもは本当に求めているのか」「そのプリントの存在によって『みんなと同じことができないダメな子』という認識を当該の子どもにも周囲の子どもにも植えつけているのではないか」という問いが存在しないがゆえに，「特別なニーズ」のある子どもを既存の秩序に無自覚的に同化させていくという罠である。

　こうしたパターナリズムという政治性に由来するふるまいには，少なくとも3つの問題がある。

　1つには，自らの「特別なニーズ」とは何であるかを自覚し，**自己決定**する機会をその子どもから奪うという問題である。

　2つには，「特別なニーズ」への他者からの応答の是非を判断する機会をその子どもから奪い取っているという問題である。

3つには,「特別なニーズ」への応答を要求する者とその呼びかけに応答する者との間に権力関係を生み出してしまうことである。

「特別なニーズ」を手がかりとした教育実践が,パターナリズムの罠に陥ることなく,「特別なニーズ」のある子どもとともに生きるほうへと歩みを進めるためには,教師と子どもたちの間に**精神的自由**を実感できる世界を立ち上げていくことが重要な課題となる（湯浅,2003）。教師の「よかれと思って」の行為にたいし,時には「ありがとう,先生。でもそれはしてほしくない」と拒否する自由を発揮できる世界であってはじめて,「特別なニーズ」のある子どもとともに生きる世界が形をなし始める。それは多くの場合,既存の秩序に風穴をあけることとなろう。だがそのことをこそ,「特別なニーズ」という概念は私たちに求めているのである。

3 「特別なニーズ」教育と生活指導との接点

「特別なニーズ」と
子ども観の深化

子どもたちと向かい合い,視線を合わせ,その眼を覗き込んだとしても,瞳に映っているのは教師の顔でしかない。その瞳の奥にあるであろう,子どもを苦悩させ,生きづらくさせている何ものかは,覗き込む教師自身の顔がじゃまとなり,見つめることができない。だからこそ,その子どもを「そうせざるをえない」状態へと追いつめている何ものかを,子どもたちとともに子どもたちの側から見つめ直し,その子どもへの働きかけとそれにたいする応答がどのようなものであるのかを考え合いながら,教師と子どもたちとがともに生きうる世界を再構築していくことが大切である。

このことは、既存の秩序や枠組みに適応していくことに疑いを抱くことのなかった教師に、自らの子ども観はもちろん、教育観や社会観の問い直しを求めることでもある。

　「特別なニーズ」に応答するということは、既存の秩序や枠組みの問題を明るみに出し、変革していく闘いに臨むことであるとともに、その秩序や枠組みのなかで特に問題意識をもたずに生きることのできた教師自身がその問題に気づき、それを克服して新たな自分に生まれ変わろうとする闘いに臨むことでもあろう。こうした闘いに臨む者であろうとしたときにはじめて、教師は「特別なニーズ」のある子どもと出会い直すことができるのである。このことは、かつて1970〜80年代の校内暴力期に、「**問題行動**」を繰り返す子どもたちを見捨てず、あきらめることなく指導―被指導の関係の構築と子ども集団の変革をとおして、子どもたちの自立を保障しようとした教師たちが、同時に自らの「内なる管理主義」の克服の闘いを自身に課すことで子どもたちの苦悩に迫ろうとしたという実践（竹内, 1981）の系譜に連なるものである。

　「特別なニーズ」教育は、それを既存の秩序や枠組みに適応させるための道具として用いることを主張するものではない。そのニーズに応答しようとする行為をとおして、既存の秩序や枠組みを変革しようとする仲間として出会い直すことを求めるものでもある。「特別なニーズ」に向かい合おうとするとき、子ども観は理解し保護するための子ども観を越えて、同時代を生きる存在としてわかり合うための子ども観へと深化していくのである。

> 「特別なニーズ」の生活指導へのインパクト

「特別なニーズ」教育がこのような子ども観を深化させるとすれば、特別なニーズ教育は生活指導にどのようなインパクトを与えるであろうか。

「特別なニーズ」教育を構想するということは、上述してきたように、障害があったり病に冒されたりしている子どもも含め、多様な背景をかかえながら生きる子どもたち一人ひとりにたいし「あなたのニーズは○○ではないだろうか」「そのニーズに応答するために△△をしてみたいと考えているよ」と呼びかけることをとおして、「△△」の実現のために既存の学校や社会を少しずつ変えていくことまでをも含んでいる。それはインクルーシブな社会の創造を見とおしている点で、社会的実践主体を育てようとする生活指導実践と重なる。とりわけ、「特別なニーズ」に応答することをとおして、子どもたち一人ひとりの側から既存の秩序を組み替えてインクルーシブな学校や社会を創造しようとする「特別なニーズ」教育に、生活指導は学ぶところが多いであろう。

この点について、節を改めてさらに詳細に考えてみよう。

4 「特別なニーズ」に応答する生活指導実践

> 「ちがい」のなかに「同じ」を見つける

「特別なニーズ」は、先述したように、あくまでも当該の子どもに固有のニーズとして把握されるものである。だが、その子どもに固有のニーズであるからこそ、しばしばそのニーズは社会や他者との関係が断ち切られて個人の問題に還元される。そのとき、

「特別なニーズ」から、当該の子どもの側から社会やその子を取り巻く関係性のありようを問い直す性質が剝奪され、「特別なニーズ」のある子どもは「特別な存在」として「われわれ」の側から排除される。ここに、「特別なニーズ」をめぐる理論的で、かつ実践的な課題がある。すなわち、一人ひとりの子どもを「個人として尊重する」ことやその子どもの「幸福追求」(日本国憲法13条)を支えることと、その子どもが生きている集団の発展とをいかに統一的に実現していくか、という課題があるのである。

このことにかかわって、たとえば小学校1年生の学級担任をしていた津久田あきは、病気の治療のため頭髪がすべて抜けてしまった絵理とともに生きる集団を育てていこうとする。そのなかで津久田は、子どもたちが「特別なニーズ」のある友だちの姿を見つめることによって自分自身の「弱さ」とそれに由来する「かなしみ」の感情に気づき、なおかつ一人ひとりの子どもたちがその「弱さ」を受け入れながら生きることができる集団を育てていくことが可能であることを実践的に提起している(津久田, 2009)。

目の病気で「おばけみたい」とからかわれ、他者のまなざしを気にしていた裕子は、「病気の時、しゃべれないくらいにしんどかった」と書いた絵理に届けるかのように、次のような詩を書いたという。それは、彼女が自分の身体のことについてはじめて語ることのできた出来事であった。

> えりちゃん、はたしもえりちゃんとおなじで　くるいしいをもいいっぱいあるよ
> わたしいつもきゅうしょくのとき　おともだちに目がパチパチするから
> みんなにわらわれたりするから　わたしはいつも　なに　ゆったら

> 　　いいか　わからないけど
> えりちゃんは　きゅうしょくのとき　きずいているのに　なにも
> 　いわないね
> わたしもくるしいおもいは　いっしょだよ　ゆうこより　（原文ママ）
>
> 　　　　　　　　　　　　　　　　　　　（津久田，2009，15頁）

　「わたしもくるしいおもいは　いっしょだよ」と綴った裕子は，絵里が学校に復帰する前に津久田が裕子を励ます思いを込めて行った「ちがいを大切にする」授業のなかで一人のクラスメートがやはり目の病気で苦しんでいたことを知って，津久田の意に反し，「自分と同じ」友だちがいることに大きな安心感をえていた。そのことに気づいた津久田は，自らの実践のなかにあった押しつけがましさ，ひいては自身の実践の**権力性**を意識化し，子どもたちが求めていることを掘り起こし，それに応答していくことの重要性を再認識している。津久田は裕子の声のちからに支えられながら，自らに身体化されつつあった権力性の１つを引きはがすことに成功したのである。

　さらに裕子は，絵理の歩く速さが遅いことをクラスメートになじられた出来事について絵理から相談を受けたことをきっかけに，同じ班の仲間たちと絵理を守るための話し合いを進めていく。その話し合いのなかで，裕子は自分の目をからかっていた幸司が算数に苦しんでいて，たし算のテストで０点を取ったとき，そのことをクラスメートに笑われてつらかったという幸司の告白を聞く。裕子たちは，絵理を守ろうとするなかで自分自身の「弱さ」と「かなしみ」に気づき，それを互いに確かめ合うことをとおして，一人ひとりちがう存在である自分たちのなかに「おなじ」があることを発見したのである。さらにそのことを手がかりにして，絵理を蔑むようなかかわりはやめようとクラスメートたちに呼びかけたのであった。

互いに傷つけ合うことを回避するために表面的なつきあいに終始するのではなく,「弱さ」と「かなしみ」を共有するからこそ,それ以上互いに傷つけ合うことを選ばないことがみんなの課題として自覚され,そのことによってともに生きる集団として発展していくことが可能であることを,津久田の実践は私たちに告げているのである。

「ルールづくり」をとおした「自由」の獲得

　「特別なニーズ」に応答することは社会を問い直すことであることを繰り返し言及してきたが,たとえばそれは,「**ルールづくり**」の実践として展開されてきたことでもある。

　寺本らららは,高校の体育祭に参加したさいの自らの経験をエッセイに綴っている。そこに描かれているのは,脳性マヒのために足が不自由な寺本も健常者である周りの生徒たちも対等・平等に体育祭に参加するための制度的な仕組みと,それを十二分に使いこなしながら体育祭を参加するに値するものへとつくりかえていった生徒たちの姿であった(寺本,2006)。ここでいう制度的な仕組みとは,当事者・学級およびチームメート・生徒会執行部・教員によって構成される「特別ルール会議」のことである。この会議において,その競技にエントリーしている者すべてが対等・平等にその競技に参加できるための「特別ルール」の原案が作成され,その原案を体育祭実行委員会が承認するという過程を経て,体育祭が運営されるのである。

　この会議のなかで,「らららがボールにさわったら3秒間は他者はボールにさわってはいけない」という提案に対し,寺本は「私に有利だから」と拒否し,さらに議論を重ねていく。このような,議

論をしたりルールの案を実際に試したりする過程を経て,「杖が当たってもファールではない」というルールを彼女らは決定し,サッカー競技に参加する者に周知徹底することをとおして,「だれもが対等にサッカーに参加することのできる」体育祭を子どもたちはつくりだしていったのである。

この仕組みとその成果に支えられて開催された体育祭でサッカーに参加した寺本は,応援席にいたサッカー部男子からの「ららら走れー!!」の声援に,「走れって私?!」と戸惑いながらも,「認められたんだ,私が! もう戦力外はない! 私が『選手』になった瞬間だった」と綴る。この言葉には,「ルール」に関する常識的な理解とは異なる知見が見出されている。すなわち,寺本は「ルール」に縛られていたのではなく,その「ルール」によって自由を獲得したのである。

「ルールづくり」への参加と共同決定

この「ルールづくり」の過程は,体育祭の徒競争でしばしば見られる,「特別なニーズ」のある子ども本人の自己決定なくして決められた,ハンディキャップを与えてお茶を濁すような取り組みとはまったく異なる。寺本が通った高校は,彼女の「特別なニーズ」にどのように応答していくかについて彼女自身も含めて共同して話し合い,新たなルールを付け加えることで,寺本も他の生徒たちも対等・平等に参加することのできる「サッカー」を創造したのである。

ここには,「特別なニーズ」に応答する上での豊かな示唆がある。「特別なニーズ」に応答することは,「特別なニーズ」のある子どもの声に一人の教師が耳を澄ますことだけではない。それだけではな

くて,「特別なニーズ」のある子どもが声を上げることのできる場をつくりだし,そこに教師も学級の子どもたちも本人も参加し,ルールを**共同決定**していることもまた,「特別なニーズ」に応答する上できわめて重要であることを押さえておこう。

> 「ともに生きる」場所を共同でつくりだす

「特別なニーズ」のある子どもが声を上げることのできる場は,いうまでもないことではあるが,物理的な空間を用意すればそれで事足りるというものでは決してない。「特別なニーズ」のある子どもが声をあげても大丈夫だと実感していく過程のなかで,その場は創造される。

村瀬ゆいは,ダン吉(小学校3年生)と「居残り勉強」をした後,彼を自宅まで送っていく道すがら,次のようなつぶやきが吐露されるのを聞く。

> 「いつでもおれが悪もんやった。怒られるだけやった。無理やり謝らせられた。父さんにも殴られてた。でも,今はちゃうねん(ちがう)。みんなわけを聞いてくれる。はじめからおれが悪いって言われへん。……あ〜あ,すぐ蹴ったり,叩いたりしてしまうんは,何でやろ。おれの手や足が言うこときいてくれたらいいのになあ。暴力がやめられたらいいのになあ……」
> (篠崎・村瀬,2009,66頁)

彼のつぶやきは村瀬に語られたものではあったが,このなかの「みんなわけを聞いてくれる」という言葉に注目してみよう。「みんな」とは,だれか。もちろん,学級の子どもたちである。その子どもたちは,村瀬の指導のなかで友だちのふるまいには「必ずわけがある」ことを実感としてわかっていた子どもたちであり,班長会が

「必ずわけがある」というスローガンをポスターにして教室に貼っているような学級であったという。

こうした学級で生活するなかで、ダン吉は学級の仲間たちとともにいることの心地よさを感じ、これからもこの仲間たちとともに生きていきたいという願いが生まれ、そのことをとおして、「もう一人の自分」を自らの内面に育てることができたのであろう。彼の「もう一人の自分」は、彼をして「暴力をしない自分でありたい」とつぶやかせしめる。それは彼の祈りであり、意志である。だがその意志を、自らの身体は裏切る。そのことによって、彼はまた自己の尊厳を自らふみにじろうとしていく。

こうしたことにかかわって湯浅恭正は、「揺らぎのなかにいる生きづらさを聞きとってほしい」ということこそ、子どもたちのニーズとして受けとめるべきであると主張する（湯浅、2008）。「特別なニーズ」のある子どもの揺らぎがみんなに受け入れられることを知ったとき、周りの子どもたちもまた「揺らいでもいいのだ」という安心感を覚え、自己の尊厳を確かなものにしていくというのである。

「揺らぐ」ことは、だれにでもある。「特別なニーズ」のある子どもは、その「揺らぐ」幅が大きかったり、間隔が短かったりするのかもしれない。いやむしろ、「揺らぐ」ことを許されないような生き方を今まで強いられてきたのかもしれない。このことは、周りの子どもに対しても無言の圧力となろう。

「特別なニーズ」のある子どもに応答することは、そうした無言の圧力に抗うことであり、そのことをとおして互いの尊厳が保障され、ともに生きることを可能にする場所をともにつくりだしていくことである。ここにこそ、生活指導実践において「特別なニーズ」のある子どもに応答することの意義があるのである。

Column⑥　特別な教育的ニーズ

「特別な教育的ニーズ」(special educational needs) という概念は，1978年に英国でまとめられた「ウォーノック報告書」(Warnock Report) の提案に由来している。この報告書は，医学的ないしは病理学的観点からの診断にもとづいた障害の理解を越えて，一人ひとりの子どもの学習の困難さとそれに応じた教育的措置という教育学的な観点にもとづいて障害を理解すべきことを提唱していた。この提起にもとづいて導入されたのが，「特別な教育的ニーズ」の概念であったのである。「ウォーノック報告書」を引き受ける形で出された英国の「1981年教育法」(Education Act 1981) によって，「特別な教育的ニーズ」は，診断された障害 (disability) ではなく，学習の困難さ (learning difficulties) や特別な教育措置 (special educational provision) や教育的援助について言及する教育学的な概念として確立されたのである (内閣府，2010)。

その後「1996年教育法」(Education Act 1996) のなかで「子どもが，同年齢の大多数の子どもと比べて，学習にさいして大きな困難を有する場合」「子どもが，同年齢の大多数の子どもに一般的に提供されている学校内の教育施設の設備を，障害により充分に利用できない困難さを有する場合」「義務教育年齢に達しない場合で，上記の状態に該当する，あるいは特別な教育的措置がなければ上記の状態になる可能性がある場合」に「学習の困難さ」があると規定され，その場合に当該の子どもに「特別な教育的ニーズ」があるとされている。「特別な教育的ニーズ」とは「学習の困難さ」のある固有名詞をもった子どもの，その子ども固有のニーズを念頭に置いているのである。

「ウォーノック報告書」や「1981年教育法」「1996年教育法」が出された当時の英国の情勢に鑑みるならば，それは新自由主義的な社会のありように対する異議申し立ての役割を一定程度果たそうとしたものであったと想像することは可能であろう。そうであるならば，「特別な教育的ニーズ」のある子どもに対する教育の問題を，特別支援教育の問題として引き受けようとするこの国の教育政策は，「特別な教育的ニーズ」概念の矮小化の誹りを免れないであろう。

引用文献

国立特別支援教育総合研究所訳「サラマンカ声明」(http://www.nise.go.jp/blog/2000/05/b1_h060600_01.html)

篠崎純子・村瀬ゆい (2009)『ねぇ！ 聞かせて，パニックのわけを——発達障害の子どもがいる教室から』高文研。

竹内常一 (1981)「非行・校内暴力克服の視点とすじみち」『生活指導』294 号 (1981 年 12 月号)。

津久田あき (2009)「『くるしいおもいは いっしょだよ。』——動かしようのない辛さを優しさと強さにかえて」『生活指導』662 号 (2009 年 1 月号)。

寺本ららら (2006)「らららの体育って最高なのよ，ご存知？」『生活教育』688 号 (2006 年 3 月号)。

内閣府 (2010)「平成 22 年度障害のある児童生徒の就学形態に関する国際比較調査報告書」(http://www8.cao.go.jp/shougai/suishin/tyosa/h22kokusai/index.html)

湯浅恭正 (2003)「ADHD 児が生きる世界と集団づくり」『生活指導』589 号 (2003 年 3 月号)。

湯浅恭正 (2004)「特別なニーズを持つ子どもに開かれた学級集団づくり」『生活指導』600 号 (2004 年 2 月号)。

湯浅恭正編 (2008)『困っている子と集団づくり——発達障害と特別支援教育』クリエイツかもがわ。

Education Act 1996 (「1996 年教育法」) (http://www.legislation.gov.uk/ukpga/1996/56)

第 III 部

生活指導をどう進めるか

chapter

第 9 章　子ども集団づくりと生活指導
第 10 章　学びと生活指導
第 11 章　進路指導・キャリア教育と生活指導
第 12 章　学校づくりと生活指導

第9章　子ども集団づくりと生活指導

遠足前の学級総会の原案に対してお小遣いやおやつについて修正案を提案しているところ。

First Question
① 子どもにとって学級とは何だろうか。
② 何のために班や班長を置くのだろうか。
③ 話し合って決めるとはどういうことだろうか。

1 学級を子どもの側からとらえ直す

教師にとっての学級と子どもにとっての学級

そもそも学級は、学校側の都合によって編制されたものである。子どもたちの出欠や遅刻・早退の状況把握に始まり、健康状態の把握、授業の実施、学校行事の遂行等に至るまで、スムーズに学校の業務を管理・経営しようとする場合、子どもたちをいくつかのまとまりに分けるのは学校や教師にとって効率的で好都合である。学級はそのようなまとまりの一形態として置かれているのである。

学級が学校・教師側の**管理・経営**上の都合からつくられているのであるから、学級担任教師には学級の管理・経営者として学級に臨むことが期待されるし、担任教師はそのような観点から評価されることになるので、積極的であれ消極的であれ、子どもたちに対して管理・経営的に振る舞うことになりがちである。

他方、この状況を子どもたちの側から見ると、学級とは自ら選んで入る場所ではなく、強制的に振り分けられた場所ということになる。学級単位で授業を受けたり行事に参加したりはするが、子どもたちは、必ずしも同じ学級に配属された人たちと仲良くしたいと思ってそこにきているわけではない。学級は子どもにとって当初はよそよそしいものであり、さしあたりカバンを置く場所であり、自分の机と椅子がある場所なのである。

子どもの自発性と教師のかかわり

　もちろん、学校の都合で学級が編制されたとしても、子どもたちは与えられた条件のもとで、自然発生的、創造的に自分たちの生活をつくりだそうとする。子どもたちは学級の内外に自分たちが過ごしやすい場所をつくろうと活動し始める。多くの子どもはとりあえず学級のなかに仲間関係を築き始めるだろう。しかし、学級のメンバーと一緒にいる理由や必然性が子どもの側にあるわけではないし、行いたい活動や結びたい関係は子どもたち一人ひとりで異なっている。そのため、子どもたちは学級という単位で何かをしようとするわけではない。学級のなかに仲の良い友だちができない場合もあるし、相性の悪い相手がいることもある。だから、学級のなかで私的なグループをつくったり、学級を超えたつながりをつくったりするのである。

　このような子どもたちの自然発生的な営みに対して、担任教師が学級の管理・経営者として振る舞うとき、学級のまとまりという視点から子どもたちにかかわることになる。だから、個々の子どもたちの都合や、子どもたちの私的な関係や、学級を超えた友だちのつながりに無頓着に、自らの描く学級像（たとえば「みんな仲良く」「学級で団結して」など）に向けて子どもたちを動員することになる。その際、往々にして、自然発生的な私的グループや学級を超えた関係を管理・経営の阻害要因ととらえ、排除しようとする。なぜなら、管理・経営の目的が、学校と教師の期待通り、計画通りに学級を動かすことであるかぎり、学級内外の子どもたちの私的で偶発的な動きは、教師にとって制御しづらい不確定要因となるからである。仮に、教師によって子どもの自主性が支持されることがあっても、多くは、教師が描く学級像の実現に貢献する範囲に限られたものとな

1 学級を子どもの側からとらえ直す

るだろう。

　もちろん，子どもたちの自発的な営みに問題が生じないとは限らない。むしろ，常に問題が生じるといってよい。だから，教師による介入がすべて否定されるわけではない。しかし，自発的な営みをはじめから排除しようとする教師のかかわり方には次のような問題がある。

　第1に，第4章で述べたように，子どもたちには**自由権**と**幸福追求権**があり，その最大限の保障こそが子どもの発達を促し，学級内外の民主主義の発展に寄与するのであるが，自発的な営みを排除しようとするかかわり方はそれに反することになる。第2に，子どもたちの自発性に依拠しない活動は，一見うまくいっているように見えても，教師による支えによって維持されているのであり，子どもたちの活動ではなく教師の活動にすぎない。教師の支えが失われると活動は簡単に瓦解してしまうため，教師は管理・監督し続けなければならなくなる。第3に，子どもがもっている自主性やエネルギーがスポイルされるため，子どもたちの積極性が萎え，消極的・受動的な子どもに育ってしまう。

　教師の指導は，子どもにとってよそよそしい学級を，子どもの自発性・創造性に依拠しながら，そのなかで生じるさまざまな問題を子どもたちに克服させつつ，子どもとともに，子どもにとって意味ある学級へとつくり変えていくことでなければならない。

子どもの人間関係の重層性

　先に教師が学級をひとまとまりとして考えてしまうと述べたが，それはまったく故なきことではない。学級のなかには，掃除当番や給食当番など，子どもたちが学校で生活していくためにどうし

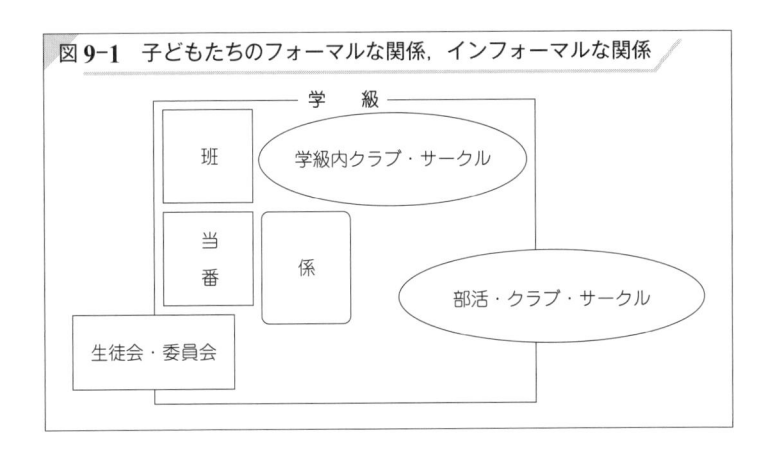

図 9-1　子どもたちのフォーマルな関係，インフォーマルな関係

```
┌─────────────────────────────────────┐
│            学　　級                  │
│  ┌──┐  ╭──────────╮                 │
│  │班│  │学級内クラブ・サークル│         │
│  └──┘  ╰──────────╯                 │
│  ┌──┐ ┌──┐                          │
│  │当│ │係│   ╭──────────╮           │
│  │番│ │  │   │部活・クラブ・サークル│    │
│  └──┘ └──┘   ╰──────────╯           │
│  ┌──────┐                           │
│  │生徒会・委員会│                       │
│  └──────┘                           │
└─────────────────────────────────────┘
```

ても学級単位で行わなければならない活動が存在している。問題は，すべての活動を学級単位での活動と混同することにある。よって，学級の子どもたちの活動や関係を2つのレベルに分けて考えることが必要である。

　第1のレベルの活動・関係とは，学校や学級の生活を維持していくために必要なフォーマルな性質をもつものである。学級内でいえば**班**，学級外に及ぶものとしては**委員会**やそこでの活動が挙げられる。第2のレベルとは，一人ひとりの興味や関心からつくられるインフォーマルな性質をもつものである。学級内では私的な**仲良しグループ**や，趣味などでつながる**学級内クラブ・サークル**などがこれにあたる。趣味の集まりは，当然，学級を超えることもある。**係活動**は，学級のための活動として行われるため前者に入るが，自分たちが創造的に楽しんで活動するという意味では，後者の性質も併せもつものであると考えられる。

　これらを図示すると図9-1のようになる。□で囲んだものはフォーマルなもの，○で囲んだものはよりインフォーマルなものであ

る。□で囲んだものは，フォーマルだがインフォーマルな性質も含むことを意味している。

　子どもたちは，学級のなかで，これらの多様な関係や活動の複数に同時に参加しながら生活しているが，これらはどれも子どもにとって必要なものであり，発展させられるべきものである。

子ども集団づくりと学級

このように子どもの視点から学級を見ると，学級はさまざまな活動をよりよく行うためのプラットホームであるととらえることができる。つまり，学級は目的なのではなく，子どもたちの多様な活動をより豊かにするという目的を支える舞台なのである。

　多様な子どもたちやグループが，学級の枠にとらわれず，最大限に要求やそれにもとづく活動を発展させ，同時に，学級で必要な活動を行っていくために，学級のルールや組織をつくりかえながら，それを通じて，他者とのかかわり方のモラルを獲得していくプロセスが集団づくりである。これまでの学級集団づくりの理論もこのような発展の方向性を構想してはいたが，教師の指導を学級内に限定しないという意味も込めて，子ども集団づくりと呼ぶのである。

　子ども集団づくりでは，まず学級において，個人，**私的グループ**，班や係などの各レベルでの活動を活性化しなければならない。個々人が要求を出しやすい条件をつくりだしたり，学級内クラブ（子どもの発議でつくられる任意参加のクラブ）を導入したり，学級を超えた**ボランティアグループ**の活動を励ましたり，係活動や当番活動などを導入したりして，子どもたちの要求を引き出し，活動要求を高める働きかけが必要である。これらをベースとしながら，それぞれの活動のルール，活動の場所や時間などをめぐって生まれる対立や紛

図 9-2 学級地図の例

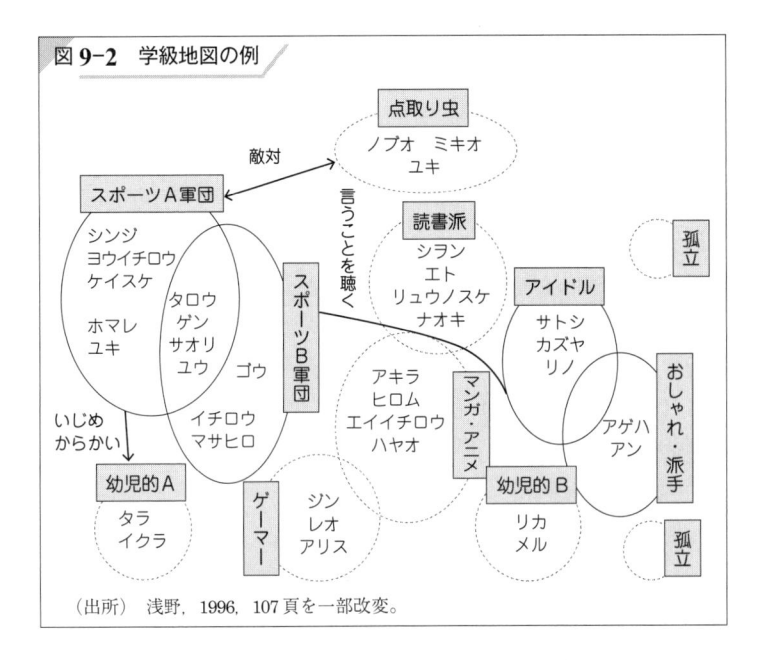

[図: 学級内のグループ関係図]

- 点取り虫: ノブオ、ミキオ、ユキ
- スポーツA軍団: シンジ、ヨウイチロウ、ケイスケ、ホマレ、ユキ、タロウ、ゲン、サオリ、ユウ
- スポーツB軍団: ゴウ、イチロウ、マサヒロ
- 読書派: シヲン、エト、リュウノスケ、ナオキ
- アイドル: サトシ、カズヤ、リノ
- マンガ・アニメ: アキラ、ヒロム、エイイチロウ、ハヤオ
- おしゃれ・派手: アゲハ、アン
- 幼児的A: タラ、イクラ
- ゲーマー: ジン、レオ、アリス
- 幼児的B: リカ、メル
- 孤立(2箇所)

関係: スポーツA軍団 ←敵対→ 点取り虫／スポーツB軍団 →言うことを聴く→ 点取り虫／スポーツA軍団 →いじめ・からかい→ 幼児的A

(出所) 浅野, 1996, 107頁を一部改変。

争を子どもたちに克服させ, 学級の生活を維持・発展させながら, すべてのメンバーの幸福追求が可能となるようなルールやモラルを生み出していくよう指導していくことになる。

このような学級の指導を進めていくために教師は, まず, 学級内にどのような個人やグループなどの勢力や関係があるのかを分析しなければならない。その際, **学級地図**を描くことが役立つ (図9-2)。学級地図とは, 学級のすべての子どもたちを, 仲良しグループのまとまりでくくったり, 個人間, グループ間の友好関係, 対立関係, 支配―被支配関係などを矢印で示したりするものである。教師はこれを描きながら, 子どもたちのなかにある問題を発見・分析したり, その改善に向けた指導構想を練ったりすることになる (浅野, 1996)。

2　生活指導の方法としての集団づくり

指導の手がかりとしての班・核・討議づくり

このような学級の姿をふまえた上で、生徒自治を育てるという観点から、第3章で述べた集団づくりの生活指導をすすめる方法について考えてみよう。

これまで集団づくりは、学級担任が指導することから、主として**学級集団づくり**として行われてきた。その学級集団づくりの方法は、「班・核・討議づくり」ともいわれ、相互に関連する①班の指導、②核（班長等のリーダー）の指導、③討議の指導の3つの面からなるとされた。**子ども集団づくり**においても、この3つの面は依然として中心的な指導対象である。ただし、子ども集団づくりにおいては、これらをとおして学級の団結をめざすのではない。そうではなく、これらを手がかりとしながら、個人や私的グループや**公的なグループ**などすべてのセクターの要求をよりよく実現しうるように、学級の**民主的なルール**やシステムを生み出し、それらの維持・発展を担いうる民主的な人格を育てていく、ということが強調されている。

班・核（リーダー）・討議の指導を手がかりにするとは、どういうことだろうか。生活指導においては、個人や私的グループを指導の対象とすることもある。私的なグループは、肯定的な影響力ももちうるので、それを期待して学級内クラブを導入したり、ボランティアグループを育てたりするわけだ。他方、私的グループは否定的な影響力ももちうる。たとえば、**グループの閉鎖性**や内部での仲間外しや**支配─被支配の関係**などである。その場合、私的グループの問

題に教師が直接介入することが必要な場合もあるが、直接介入しないで指導することが可能な場合もある。たとえば、班の話し合いの指導で全員が意見をいえる状況をつくったり、班のメンバーの要求実現に向けて努力する班長を評価したりすることで、どのようなグループが居心地よいのか、どのようなリーダーが優れたリーダーなのかを子どもたちに気づかせていくことができる。このように、班・核（リーダー）・討議の指導を手がかりにするとは、班をつくったり、班長を置いたりすること自体を目的とするのではなく、班や班長の指導をとおして、**民主的な人格**や**民主的な関係**、**民主的な集団**のあり方を教えていくということを意味するのである。「集団作り」ではなく「**集団づくり**」と表記するのには、そのような意味が込められている。

班・グループの指導

(1) 班の2つの機能

学級に班を置くのは、2つの機能を実現することを期待するからだ。第1の機能とは、子どもたちの**交わり**を保障するための拠点としての機能、**居場所**としての機能である。これは班の**第1次集団**的機能とも呼ばれる。

学級のなかには、社交的な子もいれば孤立しがちな子もいる。班をつくることによって、すべての子どもに交わる機会を提供するとともに、ここにいてもよいのだという居場所を保障することができる。学級全体のなかに投げ出されたらどうしてよいかわからない子でも、「ここがあなたの席だよ。ここがあなたの班だよ」と決まっていれば、とりあえず自分の居場所が確保できる。班を置くことは、孤立する子を出さないための有効な措置となる。しかし、ただたんに班を置いただけで、交わりと居場所の機能が十分に発揮されるわ

けではない。**学習**（班の話し合い，班学習）や**しごと**（当番活動）や**遊び**（班の独自活動）など，班で取り組む活動があることによって，対話する相手，協同する仲間が生まれる。班の居場所としての役割を満たすためには，班員相互の交わりを促す活動をつくりだすことが不可欠である。

 第2の機能としては，班には**自治**の**単位集団**としての機能がある。学級など，より包括的な集団に対する**基礎集団**と呼ぶこともある。学級で何かを決めるときに，子どもたちはほぼ同等サイズの小集団である班に所属することで，全体のなかで意見表明するよりも容易に意見表明することができるだけでなく，班で話し合うことで一人ひとりに意見表明する時間が十分に保障される。これをとおして学級のさまざまな決定においてすべてのメンバーの意見が十分に反映される条件がつくられる。班は，学級のことを学級の総意で決めるためにきわめて有効なのだ。また，先に挙げたように，事実上，学級単位で行わざるをえないし，皆が平等に負担すべき給食や掃除のような**当番活動**のために班が利用される。

(2) 班の活動とその発展

 当面，第1の機能と第2の機能を班にもたせながらも，徐々に第1の機能は班以外のグループへと派生させていき，班をできるだけ自治の基礎集団（決議・決定の単位や当番活動の単位）としての第2の機能に絞り込んでいくことが指導のポイントとなる。

 このような発展をつくりだすためには，第1に，班ごとに内容を自由に決めてよい**班の独自活動**の時間を設定することが有効である。班のなかで自らの発議で多様な活動を試みることができるようにし，子どもたちの活動要求を高めていくようにするわけだ。第2に，班で係活動を担当することだ。ここでいう係活動とは，当番活動とは

異なり、学級にとってはあってもなくてもかまわないが、あると学級生活が豊かになるような活動であり、子どもたちの創意工夫の余地が大きい活動のことである。一方で、班の独自活動とは異なり、学級全体のニーズと学級の特定のメンバーの活動要求とが合致したところで成立する活動でもある。だから学級のニーズがない、もしくはそれを担いたいという個人・グループが存在しない場合には、いつでも改廃してよい活動でもある。第3に、班で当番活動を行う。掃除や給食準備・片付けなどは、学級生活の維持に仕方なく行わなければならない活動だから、班相互の間で平等に行うために班で当番にするとともに、班内でも平等に活動に参加するよう班や班長の指導を行わなければならない。「仕方なく」という性質ゆえに、短時間に効率的に行い、少しでも自由時間を確保するとか、遊び的要素を取り入れる等の工夫は追求させてよい。

(3) 班や学級の枠を超えた活動へ

これらのうち班の独自活動や係活動は当初は班で担われるが、特定の活動への興味は、必ずしも班員全員で一致させられるわけではない。そのため、班の独自活動や係活動から生まれた子どもたちの活動要求を学級内クラブなどに発展させることも念頭に置かなければならない。班の独自活動や係活動での経験をきっかけとして、しだいに同じ興味・関心をもつ子どもたちが自発的にグループをつくりだすようになることもある。また係活動も班単位ではなく、その活動に興味がある個人・グループが担えるように班を超えた専門家集団へと展開していくことを展望する必要がある。さらには、学級の枠を超えて、特定の問題に興味・関心がある子どもたちが趣味やボランティアの**サークル**等をつくるようになる。こうして第1次集団的機能は、①興味・関心を共有する学級内クラブ、②専門家集団

としての係,③学級を超えたサークル,などに担われるようになっていく。

同時に,班の独自活動の内容や行いたい係活動に関して班内で全員が一致するとは限らないにもかかわらず当初は班で行うということにも集団を発展させる上で意味がある。全員でまとまらないからこそ,全員の意見を聴き,一致点を探り,決定していくことが必要となるからだ。このことをとおして,子どもたちは,意見の表明の仕方,民主的な決定の仕方などを学んでいくことになる。

| 班長・リーダーの指導とフォロアーの指導 |

(1) リーダーとは何か

そもそもリーダーとは何であろうか。「強いリーダーシップ」等の言葉でトップダウン的な行動を**リーダーシップ**であるとする言説が流布しているが,このようなリーダーは**民主的なリーダー**とはいえない。民主的なリーダーは集団のメンバーの要求を代表する者である。ゆえに民主的リーダーには,メンバーの要求を引き出し聴き取ること,その実現の先頭に立つことが求められる。ときおり,学級委員や学級代表や班長を教師の下請けのように位置づけている学級を見かけるが,これでは子ども集団の利益を代表する民主的リーダーを育てていることにはならない。リーダーの育成は,集団の内側に軸足を置き,集団にとって利益になる教師の指導には従うが,利益に反する指導は拒否するように行われなければならない。

他方で,リーダーは集団の外に軸足を置く必要もある。たとえば,勉強が嫌いだから授業をサボりたいというメンバーからの要求があった場合,リーダーはその実現の先頭に立つわけにはいかない。それは客観的にそのメンバーの利益にはならないからである。そのメ

ンバーらの要求を「勉強がわかりたいのにわからない」「もっと楽しくわかる授業をしてほしい」という要求であると分析し、教師にたいして授業改善の要求を出すとともに、集団のメンバーの学習を励ますという役割を発揮することが求められる。逆に、教師の言い分のほうが集団の利益にかなうと判断した場合は、集団のメンバーを説得する役割も果たさなければならない。このように、リーダーは集団の外側から客観的に集団の状況やメンバーを分析できなければならない。

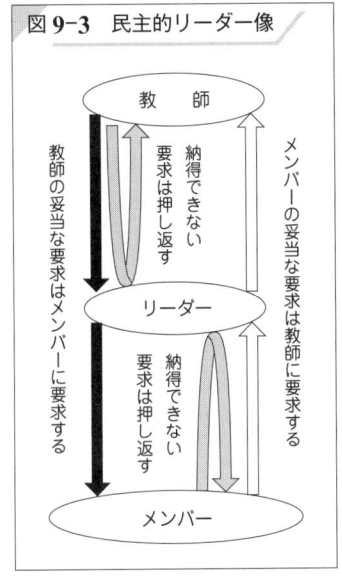

図9-3 民主的リーダー像

教師 ↔ リーダー ↔ メンバー

教師の妥当な要求はメンバーに要求する／納得できない要求は押し返す／メンバーの妥当な要求は教師に要求する／納得できない要求は押し返す

(2) リーダー指導としての班長指導

リーダー指導はさしあたりは**班長指導**として行われる。では班長指導は、どのような手順で、どのようなことを指導すればよいのだろうか。班長の仕事はまずは班員の要求を引き出し、班員の様子をつかむことから始まる。だから教師は話し合いのときに、班長に班員の意見をきちんと訊くことを要求することになる。また、班長会で班員の状況について定期的に繰り返し訊くことが重要となる。訊かれることで班長には班員を観察しなければならないという意識が生まれるからである。さらに班内の課題が見つかったときには、教師が解決策を指示するのではなく、どのように働きかければよいのかを考えさせることが重要だ。こうして、班長は、「自分がリードする集団をよく見る→分析して課題を発見する→課題の解決策を考

える→課題解決策を実施する」という班の発展のための循環をつくりだす先頭に立てるようになる。こうした班長指導をとおして子どもたちはリーダーとは何かを学んでいき，班以外のグループにおいてもリーダーシップを発揮したり，リーダーを選んだりできるようになっていく。

(3) フォロアーの指導

班長やリーダーのリーダーシップを育てるのは，実は教師ではない。リーダーは**フォロアー**に支えられてはじめてリーダーシップを発揮しうる。どんなに横暴なボスであってもフォロアーがそれに付き従う限りはボスとして君臨し続けることができるし，ボスはそのリーダーシップに甘んじてしまう。リーダーの正しい指導には従うが間違った指導には従わないというフォロアーのあり方をとおして，リーダーは鍛えられていく。だから，教師はリーダーの指導とともに，リーダーの指導を吟味するフォロアーの育成も行わなければならない。

このリーダーとフォロアーの関係は，そのまま教師と班長の関係にも当てはまる。正しいと思う教師の指導には従うが，疑問に思う指導には問い返し，間違っていると思う指導には従わない班長を育てなければならない。教師が無謬であるはずはないのであり，班長を教師批判できるフォロアーに育てることではじめて，教師も優れたリーダーに育ちうるのだ。

討議の指導

(1) 討議と討論

班・核・討議づくりにおいて，もっとも重要なのは，**討議・討論**の指導である。なぜならば，多様な個人や私的グループや学級全体などが集う広場としての学級においては，さ

まざまな要求が存在し、それらが対立・競合するのが普通であり、民主的なルールや**組織**をつくりだすためには、可能な限りそれぞれの要求を調整し、対立を超えて合意をつくりだすことを追求しなければならないからだ。

なお、討議とは、**決議・決定**とをともなう話し合いであり、討論とは決議・決定をともなわない話し合いである。学級の場所の利用の仕方、活動時間の調整、お楽しみ会の内容など、何かを1つに決めなければならない場合には討議となり、相互理解を深めたり、情報交換を行ったり、さまざまな発想を膨らませたりするだけでよい場合には討論となる。学級のなかのそれぞれのセクター（個人や諸集団）が相互に理解し合うために討論は重要であるが、民主的なルールやシステムをつくりだすという点では、討議が決定的に重要である。

(2) 決めるということの重さ

学級のなかには多様な要求やセクター（個人や諸集団）があることを考えると、最終的に1つの決定を行う**討議の指導**は相当に慎重でなければならない。本当に1つに決めなければならないことなのか、決めたときに本当に守れるのか、決めてよいことと決めてはならないことがあること等に配慮しつつ、可能な限り皆が納得できるよう決定することが必要である。いやがる人に強制するとか、思想・信条にかかわることを決めてしまうことなどあってはならない。

(3) 全会一致の追求

「多数決が民主的な決め方だ」というのは誤解であり、**多数決は民主的決定の断念**である。たとえば、お楽しみ会の内容としてドッジボール大会とミニバスケットボール大会とあやとり大会に意見が分かれたとしよう。このときに多数決をとり、ドッジボール25人、

ミニバスケットボール10人，あやとり2人だったとすれば，ドッジボールに決まってしまう。しかし，一人ひとりの子どもの権利が個人として平等であると見るとどうなるだろうか。ドッジボールに挙手した子どもの要求は完全に満たされ，ミニバスケットボールやあやとりに挙手した子どもの要求はまったく満たされないことになる。このように多数決は常にマジョリティの要求だけを満たす数の暴力である。だから，民主的な決定は基本的に「**全会一致**」をめざさなければならない。

　討議の指導において，発言力の弱い子どもは意見を出せない場合がある。そのために，話し合いをまずは班などの小集団のなかで行ってから全体で行う，しかも班長が全員の意見を引き出せるように，班長への議事進行に関する指導と並行して行うことが重要になる。したがって討議の指導は班や班長の指導と密接にかかわっている。

　一人ひとりから意見が出ると，1つに決めることは困難になる。なかなか決まらないから，多数派はマイノリティが納得できる方策を考えなければならなくなる。たとえば，ボールが当たるのが痛い，怖いからドッジボールは嫌だという子がいたときに，マジョリティの側はたとえば軟らかいボールを使用するという改善案を示したり，マイノリティの側も審判や応援で参加するのでもよければ賛成するといった条件付き賛成を採用するなどの方法がある。それでも，ミニバスケットボールやあやとりがしたいという子どもの納得が引き出せなかったら，次回は必ずミニバスケットボールにするなどの約束をするという方法もある。このように全会一致をめざすからこそ，全員の要求が実現しうる案に近づいていくわけだ。

　同時に，たんにドッジボールかミニバスケットボールかあやとりかということを決めるために議論するのではなく，何のためにその

活動を行うのか，活動をとおして学級のどのような課題を克服したり，学級のなかのどのような力を伸ばそうとしているのかということに関する議論を組織することも必要である。それによって，子どもたちの選択も変わってくるからである。

こうして，活動の目的を意識したり（活動目的についての討論），多様なメンバーの要求を聴き取ったりしながら決定する仕組み（個人の発言を保障する小集団，小集団での話し合いのルール，条件付き賛成や条件付き反対などのさまざまな意思表示の仕方）を学級のなかに広げていくとともに，どういう決め方が民主的な決め方なのかを集団のメンバーが学んでいくことになる。

3 討議指導の手順

学級で行う活動や学級の課題の解決は，原則として学級の最高決議機関である**学級総会**において行われる。学級会は，学級の問題を議論したり，お楽しみ会をしたりする多様な概念だが，学級総会は学級全体にかかわることについて決議・決定する機関を指す。学級総会を行う場合には，一般的に，次のような原案を提出することが想定されている。

> Ⅰ　学級はいま何を目的としているのか（情勢分析と集団の課題）
> 　① 学級分析（学級のようすや学級活動の総括）
> 　② 活動のねらい（学級の課題やそれにたいする指導方針）
> Ⅱ　どのような活動をどう展開するか（活動方針）
> 　① 活動目標（どのような活動に取り組むか）
> 　② 活動計画（活動日程と到達目標）

③ 活動形態と活動組織（参加形態と役割分担）
（全生研常任委員会，1991，109頁）

学級の分析

子ども集団づくりを行うとき，まずは学級の**情勢分析**が重要になる。学級が現在どのような状況にあるのか，どのような前進があり，どのような課題をかかえているのか。何が学級の前進を妨げ，どこに前進の契機があるのか等を具体的につかんでいくのだ。このさいに，先に挙げた学級地図が重要な役割を果たす。この地図を見ながら，だれにどのように働きかけ，だれにどのような力を発揮させることで，集団地図（情勢）が変わりうるのかを考えるわけだ。

とりわけ情勢分析のさいに重要なのは，子どもたちのいじけ（「どうせ私なんか……」），ケンカ，不平・不満等を子どもたちの発議としてとらえることだ。これらの行動は，子どもたちの何らかの必要や要求（「もっと楽しい学級生活にしたい」「○○さんたちと遊びたい」「勉強がわかるようになりたい」）を反映している。つまり，子どもたちは，何らかの仕方で常に彼らの要求を発議しているのだ。しかし，多くの場合，それらは無意識的，屈折的である。だから，教師は，子どもたちの生活に共感的に参加しながら，とりわけ学級の発展の初期段階では，彼らの無意識の要求の**発議**を代替して**原案**を作成し，提案しなければならない。

しかし，教師の読み取りが必ずしも正しいとは限らない。教師は自分の学級づくりの方針にとって都合のよい分析をしてしまうかもしれない。だから，教師は情勢分析を子どもたちの討議に付して，子どもたちに教師による分析の承認を求めなければならないのである。このような情勢分析の討議を行い，採決することをとおしては

じめて，学級が主体的にどのような学級になっていかなければならないのかを学級に自覚させることができる。

その討議をふまえて，上記の原案では，「活動のねらい」(**指導方針**) を書くとされているが，そうすると子どもたちを教育の客体であると感じさせてしまうので活動のねらいを書くことは控えるべきであるという立場もある（竹内，2010）。この立場の主張としては，活動するなかで子どもたちが自ずと集団そのものの課題に気づき，取り組むことになるというものであるが，その場合には，Ⅱの活動方針で提起される活動やそれを実施する組織形態が，集団の課題を顕在化させるものになるようあらかじめ想定しておくことが必要になるであろう。

なお，当初は子どもの発議を教師の署名で原案として提案するが，次には，教師と発議者（個人や班長会など）の共著として，最終的には，発議者のみで原案を作成・提案するようにしていくことで，子どもたちの自治と自治能力を発展させていかなければならない。

| 活動方針の討議 | 続いて，**活動方針**についての討議を行う。原案のⅠで明らかになった活動のねらいを実現するために具体的にどのような活動を行うのか，いつ行うのか，あるいは，いつからいつまで取り組むのか（活動日程），何が達成できたら取り組みが成功したことになるのかなどの確認（到達目標）を決め，だれがどのように参加するのか（班なのか個人なのか，全員参加なのか条件付き参加・不参加を認めるのか），実施のさいにだれがどのような役割分担をするのか（進行や係，評価を行う人など）を決めていく。

実施と総括 これに続いて，決議決定に従って実施し，その結果を総括し，再び学級の前進した点と課題を分析していくことになる。学校の多忙化のなかで原案討議もせず，総括もしないという活動のやりっ放しが増えているが，原案で学級を分析することとともに，活動後の学級の到達点や課題を確認しておくことは，集団の惰性や後退を防ぐために重要である。

以上のようなサイクルを繰り返していくことをとおして，子ども集団が発展していくことになる。

*Column*⑦ Q-Uテストで学級を把握？

学級の状況を把握する手法として最近Q-Uテスト（Questionnaire-Utilities Test）が教育現場に浸透しつつある。これは，児童生徒のアンケートから，学級の状況を，満足型，管理型，なれあい型，等と診断するテストである。Q-Uテストで学級に問題があると診断されたときには，それを改善するSGE（構成的グループエンカウンター）やSST（ソーシャルスキルトレーニング）が推奨されたりする。

たしかに，学級の子どもが困っているのに，まったく困っているとは感じない教師に対して，学級の現状を突きつける意味では，それなりの効果をもつかもしれないが，子ども集団づくりの観点からすると，Q-Uテストには問題が多い。第1に，Q-Uテストは教師の学級分析力を向上させない。学級の様子が児童生徒のアンケートからほぼ自動的に診断され，第三者に不登校になりそうな子やいじめを受けている可能性のある子を発見してもらっても，教師の力量は育たない。第2に，判定結果の信頼性にも疑問が残る。判定では学級生活満足群に子どもが集まるのがよいとされるが，学級への満足・不満足は，現状満足か，より高い目標をめざすかという子どもの志の高低にも影響される。満足していればよいというものでもない。第3に，既存の学級にたいする適応主義的な性格をもっている。処方箋として出されるのが

SGEやSSTであることに象徴されるように，問題が，学級のあり方（営まれている活動や既存のルール）ではなく，積極性がなかったり，ルールを守れなかったりする子どもの側にあると考えられている。だから，SGEのように心理主義的にクラスに同化させようとしたり，SSTのように人間関係の結び方をトレーニングで教え込もうとしたりすることになる。Q-Uに関する文献で「自治」という言葉が使われているが，それは「教師が期待する活動を子どもたちが『主体的』にやっている」という意味合いが強い。

　Q-Uに関する文献のなかで「学級集団づくり」という用語が使用されることもあるが，本書での「学級集団づくり」とは意味内容が異なる。子どもたちの自治能力を育てる集団づくりをすすめるには，自治という観点からの教師の考察を加える必要がある。

引用文献

浅野誠（1996）『学校を変える 学級を変える』青木書店。
全生研常任委員会（1971）『学級集団づくり入門 第2版』明治図書。
全生研常任委員会編（1990）『新版 学級集団づくり入門 小学校編』明治図書。
全生研常任委員会編（1991）『新版 学級集団づくり入門 中学校編』明治図書。
全生研常任委員会編（2005）『子ども集団づくり入門——学級・学校が変わる』明治図書。
竹内常一（2010）「子どもたちに活動をどう提案するか——若い教師への手紙」『生活指導』683号（2010年10月号）。

第10章 学びと生活指導

映画『山びこ学校』(1952年／監督：今井正／原作：無着成恭)
DVD発売：新日本映画社／© 独立プロ名画保存会

First Question
① 生活指導は，なぜ「学び」を重視するのだろうか。
② 生活指導は，具体的にどのような学びに取り組んできたのかを見てみよう。
③ 生活指導が重視する「学び」の特徴と視点とは何だろうか。

1 学習の無意味化

> 「学校こそゲーム
> じゃん！」

授業中に子どもが立ち歩いたり，騒いだりして，教師が注意しても収まらず，授業がまったく成立しない状況が広がり，これが**「学級崩壊」**と呼ばれるようになったのは，1990年代後半である。神戸連続児童殺傷事件（1997年）など少年による凶悪犯罪への社会的関心が高まるなかで，「普通の子」が突然キレるなどの「新しい荒れ」の問題が議論されるようになった。この「新しい荒れ」の深刻な問題の1つとして，「学級崩壊」が社会的に注目されたのである。

「学級崩壊」の背景としては，教師の指導力の低下，子どもの成長・発達の問題（ゲームなどの消費文化の影響，家庭の問題など）をはじめとしてさまざまな要因が語られたが，真に問題とすべきであったのは，学校での学習のあり方であった。

地区センターにたまってゲームボーイをやっている中学2年生に「多くの先生たちは，テレビゲームがバーチャルリアリティで，現実感のない子が育つと思っているんだよ」と話した。
彼らは言った。「担任の先生もそう言って，みんなに笑われたよ」。四角い黒板，四角い机，教師の言葉をノートに写してなぞる授業。ある女子が，こう紙切れに書いて回してきたという。「学校こそゲームじゃん」。
　　　　　　　　　　　　　　（朝日新聞社会部，1999，20-21頁）

この「学校こそゲームじゃん」という生徒の言葉は，子どもにと

って学校の学習がどう受けとめられているのかを象徴的に示してはいないだろうか。「ゲーム」といっても，それは楽しくて夢中になるようなものではなく，「ゲーム」だと割り切ってつきあうしかないつまらない世界に学校がなっているのだという訴えではないだろうか。

このエピソードを紹介した記者は，学校が子どもたちにとって「リアルじゃないところ」になっているのではないかと問い，取材した子どもたちのほとんどが「学校が面白くない」と訴えていたことを紹介している（朝日新聞社会部，1999）。「学級崩壊」という目に見える形で**問題行動**をしないまでも，「ゲーム」だと冷めた目で学校生活を耐えている子どもたちが，実は多くいるのではないだろうか。

学習への不安と恐怖

「学校こそゲームじゃん」という発言は，日本の子どもたちが置かれている現状を反映している。この現状をよく現したデータとして，たとえば，OECD（経済協力開発機構）による 15 歳の子どもを対象とした**生徒の学習到達度調査（PISA）**の結果を紹介しよう。

PISA 2003 および 2012 の調査（数学的リテラシーを中心とした調査）では，生徒がどのような意識で数学を学んでいるのかについての興味深い結果が示されている。まず，数学に対する興味・関心や楽しみ，将来の仕事に役立つから数学を学ぶ，これからの自分に必要だから数学を学ぶといった項目への肯定的な回答が，依然として国際的な平均と比べて低い結果である。次に，国際的な平均と比べても，数学に対する自信が低く，数学に対する不安や恐怖心も依然として強いという結果である（国立教育政策研究所，2013）。

1 学習の無意味化

つまり、日本の子どもたちは、学校で学ぶことそれ自体に興味や関心をもったり、自分自身の生活や将来に役立つと感じながら取り組んだりしているわけではなく、学ぶことに不安や恐怖を感じながら学んでいるのである。

このような否定的な学習観は、これまでの学習をとおして訓育されたものであることは明らかだろう。そうだとすれば、学校での学習が、自分の生活や生きることにつながっていると実感できないまま展開されていることを問題にしなければならない。

2　生活現実を再構成する「学び」への転換

「学習」から「学び」への転換

近年、このような学校の「**学習**」への批判として、「**学び**」という言葉が意識的に使われるようになった。「学び」をどう定義するかにはさまざまな立場があるが、おおよそ共通しているのは、①「学習」が主に教科における知識・技能の習得を重視するのにたいし、「学び」は学習者にとっての意味を重視する傾向があること、②「学び」は、他者との対話・討論などの共同的な営みをとおして、自己・他者・世界に対する認識（ものの見方や考え方）・価値観を新たに構築し直すとともに、自己・他者・世界との関係も新たにしていくことを強調していること、である。

このような「学び」という言葉は、教科指導においても教科外活動においても用いられているが、いずれの場合においても、他者とともに**生活現実**について学び、その生活現実に**参加・関与**しながらつくりかえていく営みという意味が込められている。たとえば、竹

内常一は、現在の生活指導運動が追究している学びの特徴を次のように指摘している。

> 子どもたちが問題の当事者として問題（テキスト）をその生活現実（コンテキスト）から読み解くと同時に、その生活現実（コンテキスト）のなかに閉ざされていた子どもたちの声を読みひらいていくこと、それをかいして子どもたちの現実にたいする願いや要求を取り出し、その生活現実を書き換え、つくりかえていくことである……。
> 　　　　　　　　　　　　　　　　　　　　　　（竹内，2008，47頁）

教科における学びと教科外における学び

具体的には、「学び」は、以下のような形で、**教科領域**および**教科外領域**で展開されている（全生研常任委員会、2005）。

教科領域では、教科ごとにまとめられた知識・技能を習得する「学習」があるが、それだけにとどまらず、世界や日本の文化的・社会的な問題を教材化し、その教材を介して、子どもたちの生活問題を読み解き、新たな展望をひらいたり、子どもたちの生活現実から発せられる「声」を授業の重要な問いやテーマに据えて、教材を通して子どもたちがかかえる問題に介入し解決したりしていく取り組みが「学び」と呼ばれている。

これは、これまで「**授業における訓育**」と呼ばれてきたものと近い。しかし、これを「授業における訓育」と呼ばないのは、「授業における訓育」という把握では教育作用の法則性を表現しただけで、具体的にどういう「訓育」を想定しているのか必ずしも明確ではなかったからである。子ども自身が生活現実そのものをとらえ直したり、つくりかえたりする**社会的実践主体**となることを強調する意味で、「授業における訓育」を「**教科における生活指導**」と積極的に言

い換え，さらに，この「教科における生活指導」と「知識・技能の習得」とを合わせてこれらを授業における「学び」ととらえているのである。

教科外領域においては，生活を営むのに必要な知識・技能を習得したりする「学習」があると同時に，日常の生活場面で生じる子どもたちのトラブルや問題行動を丁寧に読み解くことをとおして，これらの問題の背後に隠れている生活現実の問題を教師と子どもたちが協同して発見していく取り組みが「学び」と呼ばれている。

上記のように，教科・教科外領域にわたって，自分自身の生活にたいする姿勢そのもの，すなわち，ものの見方や考え方（自己認識，他者認識，世界認識），価値観などを新たにしながら，自己の生き方を構築し続けていくのである。そしてこうした「学び」をとおして，子どもたちは，まさに「働きかける者が働きかけられる」形で，生活の呼びかけに応答する，すなわち，生活現実に働きかけて生活現実そのものをつくりかえる社会的実践主体へと育っていくのである。

以下では，典型的な学びの実践とその特徴を見ていこう。

3 教科学習における「学び」の試み

生活から問いを
たちあげる

教科領域における学びの実践は，終戦直後の新教育運動のなかで展開された。「学習指導要領一般編（試案）昭和 22 年度」では，地域社会の要求と子どもの生活から教育課程を構想することが求められ，**生活綴方運動**や，**地域教育計画**および**コア・カリキュラム運動**などの社会や地域の問題を題材にした教育が盛んに行われてい

った。とりわけ，1951（昭和26）年に刊行された『山びこ学校』は，子どもたちの生活現実を出発点にした学習の全国的な展開に大きな影響を与えた（日本生活教育連盟，1998）。

教師の**無着成恭**は，「現実の生活について討議し，考え，行動までも推し進めるための綴方指導」に注目し，社会科の学習に取り組んだ。授業では，子どもたちが綴方で表現している貧しい生活にたいする感情や実感，認識を手がかりに，それらを皆で交流し合いながら，そこから彼らの問いをたちあげ，その問いから，生活現実のなかにある問題（矛盾や対立，葛藤など）を発見し，それらを解決するための取り組みを探究していった。取り組みの過程で，子どもたちは，貧困へと追いやられる農家の労働の問題を発見し，貧困と闘う自己の生き方や社会のあり方を問い，その思いをさらに綴方として表現した（無着，1956）。

だが，『山びこ学校』などの子どもたちの生活現実を出発点にした教育にたいして，社会や自然の歴史や法則など人類が獲得してきた系統的な認識（**科学的認識**）を自覚的に扱い，こうした認識にもとづいて生活現実をとらえ直す必要性があるという批判も1950年代から1960年代にかけてなされるようになっていく（遠山，1980）。

このような流れのなかで，教科内容（知識・技能）の習得と生活現実の問題への取り組みとをどのように関連づけていくか，すなわち，科学と生活とをどう結びつけ学んでいくのか，ということが課題となっていった。

| 日常の世界と科学の世界の往還
——わたりともどり |

この科学と生活とを結びつける学びを，日常の世界から科学の世界への「**わたり**」として追究したのが，**鈴木正気**であった。

鈴木正気は,「小豆は大豆からできる」「鮭の切り身がそのままの姿で海を泳いでいる」と考える子どもたちの背景には,高度経済成長による急激な社会の変動によって,具体的な事物（大豆や鮭の切り身）が人びとの労働過程と切り離されていく生活があることを問題にした。なぜなら,そのような社会の変動と生活の変動は,労働の世界においても子どもの**日常の世界**においても,人間らしく生きるための世界が奪われていることを象徴しているからである。鈴木は,このような問題意識から,子どもたちの日常の生活に切り込む社会科を構想する（鈴木,1978,1983）。

　この社会科の学びの特徴は,生産労働の世界（鈴木はそれを「**科学の世界**」と呼ぶ）から子どもの日常の世界をとらえ直させる学び（「日常の世界」から「科学の世界」への「わたり」）を構想する点にある。そして,事物に働きかける活動（擬似的生産労働）を重視して,「ものとの対面」「ものをつくる」「調査」の取り組みを位置づけていた。

　日常の世界から科学の世界への「わたり」とは,事物を仲立ちにして,人間の生産労働をとおして築かれている「ものともの」「ものと人」「人と人」の重層的な関係を子どもたちにつかませていくことである。たとえば,授業「うおをとる」（小学2年生）では魚と道具の関係,「いさばや」（3年生）では魚と道具と働くおじさん・おばさんの三者の関係,「川口港から外港へ」（4年生）では同一産業部門＝漁業の変化,「久慈の漁業」（5年生）では漁業と工業の関係,を学ぶという形で,労働過程の認識（「ものともの」「ものと人」）から,社会関係の認識（「人と人」）へと子どもたちの認識を発展させていく授業が展開されている（鈴木,1978）。

　また,「わたり」とは,日常の世界と科学の世界の結節点において双方の世界を見ることを意味していた。鈴木は,その例として,

「いさばや」（3年生）の単元で，産業のこれからや働くおばさんの生活を気にかけ，相互の支え合いのない現実を問題とし，相互に支え合う社会のあり方を問うようになった姿を紹介している（鈴木，1978）。

鈴木正気は，日常の世界から科学の世界への「わたり」のある社会科の学びにおいて，子どもたちに自分たちの日常の世界と科学の世界（労働の世界）の双方をとらえ直させ，「支え合う分業」という視点に立って自分たちの生活から相互に支え合う関係を構築させていこうとしていた。鈴木は，子どもたちの日常の世界においても，科学（労働）の世界においても，また両者の関係においても，互いに支え合う主権者としての子どもを育て，「支え合う」民主主義を足もとから築いていくことをめざしていると語っている（鈴木，1978，1983）。

鈴木正気の実践の特徴は，日常の世界から科学の世界への「わたり」によって，自分たちが生きている社会の見方（**社会認識**）や生活の見方（**生活認識**）を子どもたちのなかに育て，生活をつくりかえていく社会的実践主体へと彼らを育てることにある。鈴木の実践で重要なのは，日常の世界から科学の世界へ「わたる」こととともに，科学の世界から日常の世界へ「もどる」という「ゆきかい」を「学び」として提起した点である。

つまり，鈴木正気が提起した「学び」とは，今自分たちが生活している世界を相対化し，問い，そこからその世界の新たな姿（もう1つの生活世界）を想像していくこと（日常の世界から科学の世界へ「わたる」）と，獲得したもう1つの生活世界のイメージによりながら，生活世界を成り立たせている構造や仕組みを意識的につくりかえていくこと（科学の世界から日常の世界へ「もどる」）とがつなげら

れている，ということができる（山本，1994）。

> 生活者の視点から日常の世界をとらえ直す

この「わたり」と「もどり」のある学びをさらに発展させたのが，**鈴木和夫**である。鈴木の学びの構想は，「科学」にとどまらず，多様な生活者の視点から，日常の世界をとらえ直す学びを展開する点に特徴がある。鈴木がこのような取り組みを始めた時期は，世界では経済のグローバル化とともに新自由主義による構造改革が進み，その弊害が深刻化し顕在化しつつあった1980年代後半から1990年代にかけての時期であった。この頃，このような社会のなかで，民主的な生活と生き方をつくるということが自覚され，一人ひとりの生活の問題を，地域の人びとだけでなく，世界の人びとの生活の問題へとつなぐことが課題にされていた。

鈴木和夫は，社会科（5年生）の単元「私たちの生活と工業」で，日本の工業とグローバルな問題との関連を追求するために，新たな単元の構想を立ち上げた。鈴木の構想の視点は，①身近なもので，子どもたちが調査できて，日本の工業が検討できるもの，②しかし，それによって，日本と外国の関係，特に，「南北問題」が検討できるもの，③そして，さらに，自分たちの生活に戻って，自分と世界を考察できるもの，という3つであった。この視点から，「カンコーヒー」を教材にした内容（「カンコーヒーから日本の工業を考える」）を単元のなかに新たに位置づけた。

鈴木和夫は，「カンコーヒーから日本の工業を考える」の授業で，子どもたちにカンコーヒーを示し，「カンコーヒーからどんなことが学習できるか」を班で考えさせ，課題を子どもとともに設定していく。子どもたちは，これらの課題についての調査活動を行い，得

た情報を整理して壁新聞やカンコーヒーマップなどを作製していく。カンコーヒーマップの作製過程で，子どもたちは，赤道を中心とした地域にカンコーヒーの原料の産出地域が集中していること，そしてその地域がユニセフの活動で学習した飢餓地域と一致していることに気づき，「南の国」がつくり「北の国」が飲むという構造を発見していく。

　そしてさらに討論と調査を続けるなかで，コーヒーの価格が飲む国の経済事情によって変動していることをつかみ，この問題を考えるために，子どもたちが各国の代表になってコーヒーの価格を決める国際会議を行う。この学級国際会議では，南の国についてもっと知りたいという子どもの要求も生まれ，各国大使館に手紙を書いたり，さらに新たな追究のテーマ（①カン〔スチールとアルミ〕の追究と環境問題，②モノカルチャーとわたしたちの生活，③南の国の子どもたちと日本の子どもたちの現実，④戦争と南の国そして PKO の問題……）をたちあげたりして，翌年にも継続して追究していくことになった。（鈴木，1992, 1993, 2005）

　この授業の特徴は，第1に，科学的な認識から生活を見るだけでなく，多様な視点（特にマイノリティや「弱者」の側）から問題をとらえようとしている点である。鈴木は，子どもたちの生活現実と社会および世界の現実とが「南北問題」を介してつながっていることを子どもたちに発見させ，自分たちの生活と生き方が，世界の人びとの生活と生き方と影響し合っていることを自覚させて，自分たちがどう生きるかを考えさせている。

　第2に，教師も子どもと一緒になって未知の世界を協同して探究する活動（調査・報告・討論・レポート）が中心となっている。この協同的な探究活動では，獲得すべきとされている教科の内容そのも

のが問い直されているだけでなく、自分と他者のものの見方や感じ方を交流させながら、相互の関係を新たに築くことも重視されている。

4 教科学習を越えていく「学び」の試み

子どもの生活現実と世界・社会の問題をつなげる

中学校教師の柏木修は、国語の授業を中心にしながら、世界や社会の問題を考える取り組みを行っている。そのテーマは、「エイズ問題」「チェルノブイリ問題」「ジェンダーやセクシャリティ」「ホームレス問題」「夫婦別姓」「死刑制度」などである。以下では、中学2年生とのエイズ問題への取り組みを紹介する（柏木，1997，1999，2000）。

この取り組みのきっかけは、柏木が、前年度の3学期に道徳の時間に、薬害によってHIVに感染させられた少女のビデオを見せ、国語の時間にも、そのビデオや感染者の思いを綴った文章などを取り上げて授業を行ったことであった。柏木は、翌年にもこの生徒たちにたいして、国語の授業で薬害エイズ問題の原告の手紙を読ませ、生徒たちに手紙を書かせる取り組みを行う。またその生徒が書いた手紙を授業で読み合い、原告の手紙を出版した出版社に生徒の手紙を送っている。

このエイズ問題を取り上げた授業は、文化祭の取り組みにも影響を与えることとなる。柏木は当初、文化祭の学年劇では、沖縄の基地問題や日米安保の問題を取り上げることを構想し、国語の授業でもその問題を取り上げるなどして準備を進めていた。しかし、柏木

の予想に反して，有志による学年出しもの検討委員会は，「沖縄」と「薬害エイズ」を原案として提出し，学年集会では圧倒的多数で「薬害エイズ」に決まった。

　テーマの決定を受けて，有志による実行委員会が組織され，学年劇のための脚本グループ，エイズ問題について学習成果を紹介する展示グループ，地域の「HIV訴訟を支える会」の取り組みを支える活動グループの3つが生まれる。そして，各グループを中心に，有志の参加の輪を広げながらエイズ問題についての学習とそれぞれの活動が行われていく。生徒たちは大変熱心に活動に取り組み，当日の文化祭では，学年劇も展示も大成功を収める。

　この取り組みの過程では，柏木は，「薬害でエイズになった人はかわいそうだけど，セックスで感染した人は自業自得だよね」というつぶやきを取り上げ，2学期の学期末のテストに任意の問いとして賛否の意見を求めた。その求めに応じて多くの生徒が意見を寄せたので，柏木はそれらすべての意見を文書化し，国語の授業でその意見にたいする自己の意見を書かせ，数時間にわたる学年レベルの紙上討論会を行っていく。紙上討論会では，「エイズになった人たちはどんなに感染原因が違っていても同じことに悩み苦しむのだから，差別はおかしいと思う」という意見がきっかけとなって，エイズ問題にある差別と偏見の問題，さらに生徒たち自身がもっている偏見や差別的なものの見方が問われていくこととなった。

　生徒たちは，3年生になると文化祭で「チェルノブイリ問題」に取り組んでいくが，その取り組みでも，彼らは差別と偏見という問題を問い続けていた。また，3年生の11月には，養護教諭の保健講座と国語の授業を連動させて，エイズについての学年討論集会も行われている。

柏木の取り組みの特徴は、第1に、世界や日本の文化的・社会的な問題を**教材化**し、いわば、総合学習的な取り組みとなっている点にある。教材を介して、子どもたちの生活問題を探究していく学びが、国語という教科の枠を越えて、道徳や特別活動など他領域を横断しながら展開されている。

　第2に、子どもたちの紙上討論などの対話・討論が位置づけられており、自己の見解を討論や文化祭での学年劇や展示活動などで発信・表現することが重視されている点である。子どもたちは、こうした自己の見解を交流し合うことをとおして、差別や偏見、自己責任の問題など、教材になっている世界の問題が自分たちの生活の問題とつながっていることをつかんでいる。また、この対話・討論の過程では、柏木自身も揺れながら、子どもたちとともに問題を考えており、子どもたちだけでなく教師も自己の見解や生き方を考えるものとなっていることも重要である。

子どもたちの関心や声から出発する

　原田真知子は、子どもたちが関心をもっているものや子どもたちの声から、彼らの生活現実を問う学びを行っている。

　小学3年生を担任していた原田は、ポケモンの映画を見た子どもたちの感想を聞き、子どもたちのポケモンへの関心を学びにつなげようと考える。そして、ポケモンのゲームソフトの販売延期についての子どもたちの怒りと疑問の声を手がかりに、総合的な学習の時間を計画する。

　原田と子どもたちは、まず、身の回りのポケモングッズを集め、集めたものを商店街の地図に貼り出しながら、さまざまな店でポケモングッズが売られていることを発見し、ポケモンのキャラクター

がある商品のほうがよく売れることをつかんでいく。次いで，子どもたちともっと調べたいことを出し合い，ポケモンの歴史，人気の秘密，外国のポケモン人気，ゲームが発売延期になるのはなぜかなどの問いから，自分たちが調べたいことを選び，グループをつくって調査を行っていった。

調査活動では，「ゲームの発売延期」調査グループが，店の人から発売延期の理由が任天堂の戦略であることを聞いてきたり，「ポケモンの歴史」調査グループが，ゲームソフトの第1号とマンガ「ポケットモンスター」の第1回が掲載された『コロコロコミック』の発売時期が一緒であることを発見したりしていく。そして，原田と子どもたちは，なぜ発売時期が一緒なのかを討論し，マーケティングやメディアがつくりだす「子ども文化」の問題点を発見している。

その後，この学習の過程とわかったことを寸劇風にして，オリジナルダンスとともに学習発表会で発表し，3学期には映画『ミュウツーの逆襲』を観て，「ミュウツーはなぜたたかったか」をテーマに話し合う。この学習では，さらに子どもの発言から「家族」の学習へと発展していく（原田，2001）。

原田の取り組みの特徴は，第1に，一人ひとりの子どもが生活のなかで感じる疑問の声やつぶやきなどを重要な問いとして学びのテーマに据え，子どもたちの協同の学びへと発展させている点である。原田は，常に子どもと対話をするなかで，子どもたちが共通に直面していたり，協同して取り組んだりしなければならない課題やテーマを発見している。そして，子どもが学びたいものを子どもたちで学び合えるものへと高めている。

第2に，こうした学びをとおして，子どもたちの「**出会い直し**」

を重視している点である。原田は，対話や討論，話し合いのさいに，常に「もう1つのテーマ」を視野に入れている。そのテーマとは，学びのテーマについて考えを深めたり，結論を出したりする過程で，自己や他者の新たな一面に気づいたり，これまでの関係性をつくりかえていくこと（「どれだけ自己や他者と出会い直すことができるか」）である（原田，2007）。

5 生活指導としての「学び」の特徴

これまで見てきた取り組みから，生活指導としての「学び」の取り組みの特徴をまとめてみよう。

「当事者性をたちあげる」学び

第1の特徴は，生活現実のなかにある問題を発見し，自分たちの生活現実に対して，「傍観者」ではなく「**当事者**」として願いや要求を自覚し，これらの解決・克服へと行動していくという，「当事者性をたちあげる」学びが展開されている点である。

「当事者性をたちあげる」学びには2つの筋道がある。1つは，自分の問題であるにもかかわらず，それを自覚できないでいる人が，しだいに問題状況を認識し，その現実を変えたいという願い・**要求（ニーズ）**を自覚し，「**ニーズの主体**」としてその願い・要求の実現に向けて行動をすることである。もう1つは，別の問題に直面している他者（別の当事者）の問題を自分の問題だと感じて，ニーズを自覚し行動をしていくことである（山本，近刊）。

どの取り組みにおいても，子どもたちは，一人ひとりの生活につ

いての実感や感情，人類が獲得してきた社会や自然についての科学的認識，マイノリティの視点などを手がかりにしながら，いわば多様な視点に立って内側と外側から自分たちの生活現実を見つめることで，当事者性をたちあげている。

> コンフリクトを
> つかむ学び

第2の特徴は，「当事者性をたちあげる」過程で，子どもたちは，自分たちの生活現実のなかにある問題，特に当事者たちの間にある**コンフリクト**（対立・葛藤・矛盾）を発見することで，生活現実の見方を広げ，生活認識を深めている点である。

コンフリクトは，人びとの生活現実を形づくっている社会の仕組み・構造，人間関係などのなかに常に存在し，問題の当事者が声を上げたり異議を唱えたりすることではじめて顕在化する。コンフリクトが顕在化するとき，現在の支配的なものの見方や価値観，関係などとともに，これらと対立したり，あるいはまったく新しいものの見方や価値観，関係も現れてくる。コンフリクトには，今ある現実にたいするもう1つの別の可能性，現実の新しい発展の契機が内包されており，このコンフリクトをとおして，現在の社会の姿をつかみ，その社会の未来の可能性を追求することが可能となる（高橋，2002）。

> 対話と参加に
> ひらかれた学び

第3の特徴は，対話と参加にひらかれた学びとなっている点である。これは，他者の「呼びかけ」（calling）に「応答」（response）していくことによって当事者性がたちあげられていることとかかわる（山本，2015）。

仲間が表現した生活実感や生活感情からの「呼びかけ」や，教師が媒介する他者（地域の人びと，第三世界の人びと）からの「呼びかけ」をとおして，教師と子ども，あるいは子ども同士の対話・討論が生まれ，子どもたちの「応答」が引き出されていく。そして，この「呼びかけ」と「応答」の過程で，子どもたち一人ひとりが，それぞれの問題がかかわり合っていることに気づき，自分がかかえる問題を自覚して「ニーズの主体」となっているのである。

　このように，「ニーズの主体」としての行動は，対話・討論と参加にひらかれた学びを基盤に展開される。具体的には，当事者の視点や立場を掘り起こしたり，追体験したり，生活・文化・政治的な実践を行う体験活動や，コンフリクトに介入し，そこにあるさまざまな事実や当事者の声を浮かび上がらせる調査活動，そして，自分の意見を表明していく表現活動，さらに自分を含めた人びとやものなどに働きかけ，問題に直接的・間接的に働きかけていく実践活動が重要な活動として位置づけられている。この対話・討論と参加にひらかれた学びは，生活現実やその問題を知り，疑問や問いをもち，調査などで確かめ，その過程で形成された自己の意見を表現したりして，生活現実に働きかけていくというサイクルになっている。

関係と意味の組み換え
——「出会い」と
「出会い直し」

　第4の特徴は，**関係の組み換え**と**意味の組み換え**があるという点である（竹内，2011）。いわば，自己・他者・世界との「**出会い**」と「**出会い直し**」がある学びが展開される。子どもたちは，生活現実のなかにある問題の発見をとおして「ニーズの主体」となる過程で，自分自身の生活現実についての認識や自分にかかわる事柄に対する認識（意味づけ）などを組み換えているからである。

先に紹介したカンコーヒーの授業を例にすれば，子どもたちは問題をつかむことで，認識とともに行動も変わっている。子どもたちにとってはただ飲むものだったカンコーヒーが，自分たちの現実世界の矛盾（南北問題という「構造的暴力」）を顕在化したものに変わり，そのことによって自身の行動（カンコーヒーへのかかわり方）も問う存在になっている。また，授業の過程で，子ども同士がこれまでつきあいのなかった相手と新しく関係を築いたり，相手の新たな一面を発見して相手の見方とともにかかわり方を変えたりするなど，互いの関係の組み換えも生まれている。そして，こうした関係と意味の組み換えによって子どもたちの生活認識が改められている。

生きていくための
学力の追求

　第5の特徴は，知識をため込む学びではなく，その知識を使って，自分たちの生活現実を変えていくことが志向されており，知識そのものと学力とが問い直されている点である。どの取り組みでも，教科書の内容をそのまま鵜呑みにするのではなく，その内容に示された「正しいこと」「普通」「当たり前」の世界を批判的に検討し，自分たちにとって必要で意味のある知識をつくりだすことや，他者とともに幸せに生きることができる現実世界を創造することが重視されていた。そして，教科内容として示される知識がもつ政治性や権力関係（教育内容の「ポリティクス」）を顕在化させ（アップル，2007），これらを批判的に吟味する取り組みとなっている。

＊

　以上，生活指導としての学びの特徴を概観した。子どもたちが，現在そして未来を幸せに生きていくために必要な学びを，学校のなかから地域へと広げていくことが今後さらに求められるであろう。

Column⑧ 希望としての学び――もう1つの学びのイメージ

> 私でも入れてくれるかなあと思ってね，来てみたわけ，ある日の夕方。でもさ，中に入りにくいじゃん，学校の門なんてどうせ先公が出て来てマッポみたいに尋問するんだろうと思ってね。郵便ポストの横っちょにウンチング・スタイルで座り込んでボワーッとしているうちにどうでもよくなってきちゃって，恐喝したって売春したって食っていけるんだ，やめよう学校なんて――そう思った時よ，変なおじさんが側に来て，煙草臭い息吐きながら，「どうしたの，この中学に入りたいの？」そう言ったの。それが，この黒ちゃんなんだけどさ，そん時私……そん時私，あー，もしかして私，幸せになれるかもしれないって……。
>
> （山田，1993，223頁以下）

　これは，夜間中学校を舞台にした映画『学校』（山田洋次監督・1993年公開）の一場面である。「幸福とは何か」をクラスで考える授業のなかで，生徒のみどりが，夜間中学校に通うことになった経緯を語っている。かつて問題行動を理由に中学校から排除され，自ら学校を飛び出した非行少女のみどりは，夜間中学校の広告を偶然見かけ，学校の門まで来たものの，なかなか入れず佇んでいたところを教師の黒井に声をかけられる。そのとき，みどりは，「幸せになれるかもしれない」と希望を抱く。みどりの言葉からもわかるように，かつて彼女が通っていた学校は，幸せに生きたいという彼女の願いを叶えられる場所ではなかった。そのような学校に絶望しながらも，「幸せに生きたい」という願いをもちながら荒れるみどりにとって，夜間中学校は彼女の願いに応えてくれる場所，幸せになることを夢見ることができる場所となったのはなぜなのだろうか。

　この映画が私たちに投げかけたメッセージは，私たちが「学び」をさらに考えるための手がかりを与えてくれている。「幸福とは何か」の授業では，教師と生徒が一緒になってこの問いを考え続け，幸福に生きていくために学ぶのだという結論をつかんでいた。私たちが今追求すべき「学び」とは，「幸福とは何か」の授業が示したように，子

どもたちが幸せに生きることを励ますという視点から展開していくことではないだろうか。

そのような「学び」こそが，「学校こそゲームじゃん」という子どもの声への応答となるのではないだろうか。教育は，常に，今そして未来を生きる子どもたちの声に応答しながら，子どもたちが幸せに生きることの実現へ向けて，構築され続ける必要があるのである。

引用文献

朝日新聞社会部 (1999)『学級崩壊』朝日新聞社。
アップル，M. W. ／野崎与志子ほか訳 (2007)『オフィシャル・ノレッジ批判——保守復権の時代における民主主義教育』東信堂。
柏木修 (1997)「それは一つのビデオからはじまった」『生活指導』517号 (1997年9月号)。
柏木修 (1999)「エイズ問題を学び続けた三年間」『生活指導』537号 (1999年3月号)。
柏木修 (2000)「チェルノブイリ問題への取り組み」『生活指導』549号 (2000年2月号)。
柏木修 (2010)「ホームレス問題をどう考えるか」『生活指導』681号 (2010年8月号)。
柏木修 (2011)「『ホームレス』は自己責任か」『生活指導』691号 (2011年6月号)。
国立教育政策研究所編 (2013)『生きるための知識と技能5 OECD生徒の学習到達度調査 (PISA) 2012年調査国際結果報告書』明石書店。
鈴木和夫 (1992)「カンコーヒーと日本」『生活指導』449号 (1992年11月臨時増刊号)。
鈴木和夫 (1993)「カンコーヒーから日本を見る (1) (2) (3)」『生活指導』454-456号 (1993年4月号〜6月号)。
鈴木和夫 (2005)『子どもとつくる対話の教育——生活指導と授業』山吹書店。
鈴木正気 (1978)『川口港から外港へ——小学校社会科教育の創造』草土文化。
鈴木正気 (1983)『学校探検から自動車工業まで——日常の世界から科学の世界へ』あゆみ出版。
全生研常任委員会編 (2005)『子ども集団づくり入門——学級・学校が変わる』明治図書。
高橋英児 (2002)「現代社会にひらく授業をつくる」久田敏彦・湯浅恭正・住野好

久編『新しい授業づくりの物語を織る』フォーラム・A。

竹内常一（2008）「生活指導における〈学び〉の系譜——集団づくりのなかの〈学び〉を意識化しよう」『生活指導』656号（2008年8月号）。

竹内常一（2011）「関係の転換と意味の転換——中野譲『川との語り合い』に即して」『生活指導』691号（2011年6月号）。

遠山啓（1980）『遠山啓著作集 教育論シリーズ1 教育の理想と現実』太郎次郎社。

日本生活教育連盟（1998）『日本の生活教育50年——子どもたちと向き合いつづけて』学文社。

原田真知子（2001）「ポケモンたんけんたい！」『生活指導』561号（2001年1月号）。

原田真知子（2007）「届かないことば 届きあうことば——もうひとつのテーマ『出会い直し』」全国生活指導研究協議会編『"競争と抑圧"の教室を変える——子どもと共に生きる教師』明治図書。

無着成恭編（1956）『山びこ学校（新版・定本）』百合出版。

山田洋次（1993）『学校』岩波書店。

山本敏郎（1994）「学校知をこえる知のイメージ」『高校生活指導』122号（1994年秋号）。

山本敏郎（2015）「当事者性のある生活と学びの創造」山本敏郎ほか編『学校教育と生活指導の創造』学文社。

第11章 進路指導・キャリア教育と生活指導

First Question
① 高校時代までの進路指導やキャリア教育（職場体験など）はあなたにとってどういう意味がありましたか。
② 政府や経済界が進めてきた雇用戦略についてどう考えますか。
③ 「働くこと」をテーマに学ぶべきことは何だと考えますか。

1 キャリア教育の登場

キャリア教育という用語が政策文書にはじめて登場するのは，**中央教育審議会**（以下,「中教審」）答申（1999 年）においてである。その後，文部科学省も「キャリア教育の推進に関する総合的調査研究協力者会議報告書」(2004 年),「小学校・中学校・高等学校キャリア教育の推進の手引」(2006 年）を発表し，キャリア教育が学校で本格的に進められることとなった。

キャリア教育が登場する以前はもちろん，キャリア教育が導入されてからも，就職先や受験校を決定するための進路ガイダンス，適性検査，職場見学，就労体験，地元の企業家や著名人を招いての講話，卒業生の体験を語る会などの進路指導や職業についての学習も行われている。そのためキャリア教育は，これまでの進路指導や職業についての教育とどう違うのかわかりにくい。この違いは後で述べることとして，まず文部科学省がキャリア教育を導入した理由を述べておこう。

中教審答申（1999 年）は，キャリア教育が必要な理由について，以下のように，新規学卒者が就職できていなかったり離職する傾向が強いことを挙げている。

> 新規学卒者のフリーター志向が広がり，高等学校卒業者では，進学も就職もしていないことが明らかな者の占める割合が約 9％に達し，また，新規学卒者の就職後 3 年以内の離職も，労働省の調査によれば，新規高卒者で約 47％，新規大卒者で約 32％に達している。
> （中央教育審議会，1999）

この傾向について、中教審は、若者のなかに職業観、職業的知識・技能、自己理解能力などが育っていないことが原因であると指摘し、「望ましい**職業観・勤労観**及び職業に関する知識や技能を身に付けさせるとともに、自己の個性を理解し、主体的に進路を選択する能力・態度を育てる教育」と定義されるキャリア教育を提唱したのである。

2 キャリア教育の構造

キャリア発達を促すためのキャリア教育

次に、文部科学省が提唱するキャリア教育が、どういう能力をどのように育てようとするプランなのかを見ていこう。国立教育政策研究所は、「児童生徒の職業観・勤労観を育む教育の推進について」(調査研究報告書)において、「職業的(進路)発達にかかわる諸能力」を4つの能力の領域とそれを構成する能力を領域ごとに2つずつ整理した(表11-1)。

> ①人間関係形成能力——自他の理解能力、コミュニケーション能力
> ②情報活用能力——情報収集・探索能力、職業理解能力
> ③将来設計能力——役割把握・認識能力、計画実行能力
> ④意思決定能力——選択能力、課題解決能力
> (国立教育政策研究所、2002)

さらに、中教審答申(2011年)は、基礎的・基本的な知識・技能、基礎的・汎用的能力(キャリアプランニング能力、課題対応能力、自己理解・自己管理能力、人間関係形成・社会形成能力)、論理的思考力、創

表 11-1 職業観・勤労観を育む学習プログラムの枠組み（例）

	小　学	
	低学年	中学年
職業的（進路）発達の段階	進路の探索・選択にかかる基盤	
○職業的（進路）発達課題（小〜高等学校段階） 各発達段階において達成しておくべき課題を、進路・職業の選択能力及び将来の職業人として必要な資質の形成という側面から捉えたもの。	・自己及び他者への積極的関心の形成・発展 ・身のまわりの仕事や環境への関心・意欲の向上 ・夢や希望、憧れる自己イメージの獲得 ・勤労を重んじ目標に向かって努力する態度の形成	

職業的（進路）発達にかかわる諸能力			**職業的（進路）発達を促すために**	
領域	領域説明	能力説明	低学年	中学年
人間関係形成能力	他者の個性を尊重し、自己の個性を発揮しながら、様々な人々とコミュニケーションを図り、協力・共同してものごとに取り組む。	【自他の理解能力】 自己理解を深め、他者の多様な個性を理解し、互いに認め合うことを大切にして行動していく能力	・自分の好きなことや嫌なことをはっきり言う。 ・友達と仲良く遊び、助け合う。 ・お世話になった人などに感謝し親切にする。	・自分のよいところを見つける。 ・友達のよいところを認め、励まし合う。 ・自分の生活を支えている人に感謝する。
		【コミュニケーション能力】 多様な集団・組織の中で、コミュニケーションや豊かな人間関係を築きながら、自己の成長を果たしていく能力	・あいさつや返事をする。 ・「ありがとう」や「ごめんなさい」を言う。 ・自分の考えをみんなの前で話す。	・自分の意見や気持ちをわかりやすく表現する。 ・友達の気持ちや考えを理解しようとする。 ・友達と協力して、学習や活動に取り組む。
情報活用能力	学ぶこと・働くことの意義や役割及びその多様性を理解し、幅広く情報を活用して、自己の進路や生き方の選択に生かす。	【情報収集・探索能力】 進路や職業等に関する様々な情報を収集・探索するとともに、必要な情報を選択・活用し、自己の進路や生き方を考えていく能力	・身近で働く人々の様子が分かり、興味・関心を持つ。	・いろいろな職業や生き方があることが分かる。 ・分からないことを、図鑑などで調べたり、質問したりする。
		【職業理解能力】 様々な体験等を通して、学校で学ぶことと社会・職業生活との関連や、今しなければならないことなどを理解していく能力	・係や当番の活動に取り組み、それらの大切さが分かる。	・係や当番活動に積極的にかかわる。 ・働くことの楽しさが分かる。
将来設計能力	夢や希望を持って将来の生き方や生活を考え、社会の現実を踏まえながら、前向きに自己の将来を設計する。	【役割把握・認識能力】 生活・仕事上の多様な役割や意義及びその関連等を理解し、自己の果たすべき役割等についての認識を深めていく能力	・家の手伝いや割り当てられた仕事・役割の必要性が分かる。	・互いの役割や役割分担の必要性が分かる。 ・日常の生活や学習と将来の生き方との関係に気付く。
		【計画実行能力】 目標とすべき将来の生き方や進路を考え、それを実現するための進路計画を立て、実際の選択行動等で実行していく能力	・作業の準備や片づけをする。 ・決められた時間やきまりを守ろうとする。	・将来の夢や希望を持つ。 ・計画づくりの必要性に気付き、作業の手順が分かる。 ・学習等の計画を立てる。
意思決定能力	自らの意志と責任でよりよい選択・決定を行うとともに、その過程での課題や葛藤に積極的に取り組み克服する。	【選択能力】 様々な選択肢について比較検討したり、葛藤を克服したりして、主体的に判断し、自らにふさわしい選択・決定を行っていく能力	・自分の好きなもの、大切なものを持つ。 ・学校でしてよいことと悪いことがあることが分かる。	・自分のやりたいこと、よいと思うことなどを考え、進んで取り組む。 ・してはいけないことが分かり、自制する。
		【課題解決能力】 意思決定に伴う責任を受け入れ、選択結果に適応するとともに、希望する進路の実現に向け、自ら課題を設定してその解決に取り組む能力	・自分のことは自分で行おうとする。	・自分の仕事に対して責任を感じ、最後までやり通そうとする。 ・自分の力で課題を解決しようと努力する。

（注）太字は、「職業観・勤労観の育成」との関連が特に強いものを示す。高等学校
（出所）国立教育政策研究所、2002、47-48頁を一部改変。

職業的(進路)発達にかかわる諸能力の育成の観点から

校	中　学　校
高 学 年	
形成の時期	現実的探索と暫定的選択の時期
	・肯定的自己理解と自己有用感の獲得 ・興味・関心等に基づく職業観・勤労観の形成 ・進路計画の立案と暫定的選択 ・生き方や進路に関する現実的探索

育成することが期待される具体的な能力・態度

・自分の長所や欠点に気付き、自分らしさを発揮する。 ・話し合いなどに積極的に参加し、自分と異なる意見も理解しようとする。	・自分の良さや個性が分かり、他者の良さや感情を理解し、尊重する。 ・自分の言動が相手や他者に及ぼす影響が分かる。 ・自分の悩みを話せる人を持つ。
・思いやりの気持ちを持ち、相手の立場に立って考え行動しようとする。 ・異年齢集団の活動に進んで参加し、役割と責任を果たそうとする。	・他者に配慮しながら、積極的に人間関係を築こうとする。 ・人間関係の大切さを理解し、コミュニケーションスキルの基礎を習得する。 ・リーダーとフォロアーの立場を理解し、チームを組んで互いに支え合いながら仕事をする。 ・新しい環境や人間関係に適応する。
・身近な産業・職業の様子やその変化が分かる。 ・自分に必要な情報を探す。 ・気付いたこと、分かったことや個人・グループでまとめたことを発表する。	・産業・経済等の変化に伴う職業や仕事の変化のあらましを理解する。 ・上級学校・学科等の種類や特徴及び職業に求められる資格や学習歴の概略が分かる。 ・生き方や進路に関する情報を、様々なメディアを通して調査・収集・整理し活用する。 ・必要に応じ、獲得した情報に創意工夫を加え、提示、発表、発信する。
・施設・職場見学等を通し、働くことの大切さや苦労が分かる。 ・学んだり体験したりしたこと、生活や職業との関連を考える。	・将来の職業生活との関連の中で、今の学習の必要性や大切さを理解する。 ・体験等を通して、勤労の意義や働く人々の様々な思いが分かる。 ・係・委員会活動や職場体験等で得たことを、以後の学習や選択に生かす。
・社会生活にはいろいろな役割があることやその大切さが分かる。 ・仕事における役割の関連性や変化に気付く。	・自分の役割やその進め方、よりよい集団活動のための役割分担やその方法等が分かる。 ・日常の生活や学習と将来の生き方との関係を理解する。 ・様々な職業の社会的役割や意義を理解し、自己の生き方を考える。
・将来のことを考える大切さが分かる。 ・憧れとする職業を持ち、今、しなければならないことを考える。	・将来の夢や職業を思い描き、自分にふさわしい職業や仕事への関心・意欲を高める。 ・進路計画を立てる意義や方法を理解し、自分の目指すべき将来を暫定的に計画する。 ・将来の進路希望に基づいて当面の目標を立て、その達成に向けて努力する。
・係活動などで自分のやりたい係、やれそうな係を選ぶ。 ・教師や保護者に自分の悩みや葛藤を話す。	・自己の個性や興味・関心等に基づいて、よりよい選択をしようとする。 ・選択の意味や判断・決定の過程、結果には責任が伴うことなどを理解する。 ・教師や保護者と相談しながら、当面の進路を選択し、その結果を受け入れる。
・生活や学習上の課題を見つけ、自分の力で解決しようとする。 ・将来の夢や希望を持ち、実現を目指して努力しようとする。	・学習や進路選択の過程を振り返り、次の選択場面に生かす。 ・よりよい生活や学習、進路や生き方等を目指して自ら課題を見出していくことの大切さを理解する。 ・課題に積極的に取り組み、主体的に解決していこうとする。

の内容は省略した。

造力，意欲・態度，勤労観・職業観等の価値観，専門的な知識・技能などの「社会的・職業的自立，社会・職業への円滑な移行に必要な力」を身につけさせることが必要であるとし，キャリア教育を「一人一人の社会的・職業的自立に向け，必要な基盤となる能力や態度を育てることをとおして，キャリア発達を促す教育」と再定義した。

> **教育課程を再編する視点としてのキャリア教育**

これらの諸能力は，学校の**教育課程**のどこに位置づけられ，いかなる教育活動を通じて身につけるものなのだろうか。

ふたたび，国立教育政策研究所（2002）の報告書を見てみよう（表11-1参照）。まず，縦軸には先に紹介したとおり，「職業的（進路）発達にかかわる諸能力」として，①人間関係形成能力——自他の理解能力，コミュニケーション能力，②情報活用能力——情報収集・探索能力，職業理解能力，③将来設計能力——役割把握・認識能力，計画実行能力，④意思決定能力——選択能力，課題解決能力が列記されている。横軸には，「職業的（進路）発達の段階」として，小学校期の「進路の探索・選択にかかる基盤形成の時期」，中学校期の「現実的探索と暫定的選択の時期」，高等学校期の「現実的探索・試行と社会的移行準備の時期」が設けられている。そして縦軸と横軸が交わるところに「職業的（進路）発達を促すために育成することが期待される具体的な能力・態度」が詳細に書かれている。地方教育委員会や学校のキャリア教育プランも同じように構想されている。その特徴を見ていこう。

第1に，ここに挙げられた「能力・態度」について，表の欄外の（注）に，わざわざ「太字は，『職業観・勤労観の育成』との関連が

特に強いものを示す」と書かれていることからわかるように，この表で示されている「職業観・勤労観を育む学習プログラム」は，「『職業観・勤労観の育成』との関連が特に強いもの」と「『職業観・勤労観の育成』との関連が特に」強いわけではないものから構成されている。

第2に，「『職業観・勤労観の育成』との関連が特に」強いわけではない項目を見てみると，「自分の好きなことや嫌なことをはっきり言う／友達と仲良く遊び，助け合う／お世話になった人などに感謝し親切にする」（小学校低学年／自他の理解能力），「分からないことを，図鑑などで調べたり，質問したりする」（小学校中学年／情報収集・探索能力），「生活や学習上の課題を見つけ，自分の力で解決しようとする」（小学校高学年／課題解決能力），「新しい環境や人間関係に適応する」（中学校／コミュニケーション能力）など，道徳，生徒指導，特別活動，教科の学習などで身につくことが期待される能力が列記されている。

第3に，「『職業観・勤労観の育成』との関連が特に強いもの」を見てみると，職場や施設見学を行うこと，産業や職業・仕事およびこれらにかかわる資格について情報を集めたり知識を身につけたり理解を深めたりすること，働くことの大切さや意義がわかること，将来の職業選択に向けて関心や意欲を高めたり，目標や計画を立てて努力することが挙げられている。その一方で，「係や当番の活動に取り組み，それらの大切さが分かる」（小学校低学年／職業理解能力），「自分の仕事に対して責任を感じ，最後までやり通そうとする」（小学校中学年／課題解決能力），「異年齢集団の活動に進んで参加し，役割と責任を果たそうとする」（小学校高学年／コミュニケーション能力），「課題に積極的に取り組み，主体的に解決していこうとす

る」(中学校／課題解決能力)のように,とりたてて「『職業観・勤労観の育成』の関連が特に強い」とはいえない項目もある。

第4に,「職業的(進路)発達にかかわる諸能力」は,学校で身につけることが期待される一般的な能力として構造化されている。だから「職業的(進路)発達にかかわる諸能力」は,特定の時間や教育活動をとおしてではなく,各教科の授業,特別活動,道徳の時間,総合的な学習の時間,生徒指導など,学校教育全体で身につけることが期待されているということができる。

そうだとすると,第5に,キャリア教育とは,それ自体が特定の教育内容と方法を備えた教育活動ではなくて,生涯にわたって「職業的(進路)発達にかかわる諸能力」を発達させる(キャリア発達)という目的のもと,各教科の授業,特別活動,道徳の時間,総合的な学習の時間で行われている教育活動を見直し,教育課程の再編を図る視点である。

キャリア教育と進路指導・職業教育

こう見てくると,冒頭で疑問をさしはさんでおいたキャリア教育と**進路指導**や**職業教育**との違いが見えてくる。キャリア教育が学校の教育課程を「職業的(進路)発達にかかわる諸能力」と望ましい職業観・勤労観の育成を柱に組み立て直す視点であるのにたいし,進路指導や職業教育はその一環として行われる教育プログラムである。

たとえば,「キャリア教育は,教育と職業を結びつける総合的な教育活動の総称であり,進路指導は,生徒一人一人が選択・決定する『力』,進学・就職した先に適応し進歩する『力』を伸長させることを目的としたプログラム」(渡辺, 2000)という考え方がまさに

それである。なるほど，国立教育政策研究所が作成した「職業観・勤労観を育む学習プログラム」は，進路指導を組み込んだ「総合的な教育活動の総称」としてのキャリア教育の構想である。

また，「日常生活のなかでの役割の理解や考え方と役割を果たそうとする態度，および役割を果たす意味やその内容についての考え方」である勤労観を土台として，「職業についての理解や考え方と職業に就こうとする態度，および職業をとおして果たす役割の意味やその内容についての考え方」である職業観が形成されるのだという主張もあるが（三村，2004），これも，学校教育全体として勤労観を養うキャリア教育を行い，その一環として，ある職業に従事するために必要な知識，技能，能力，態度を育てる職業教育を行い職業観を養うというのである。

このように，中教審答申や国立教育政策研究所は，キャリア発達を促すという視点で学校の教育課程を見直し，教科の学習，特別活動，道徳，総合的な学習の時間，生徒指導の関連を図り，これらのなかに進路指導や職業教育を組み込んでいくという構想で，キャリア教育を構造化したのだということができるだろう。

3 雇用環境の変容のなかでの進路指導の行き詰まり

「働く意欲のない若者」が問題なのか？

今見てきた中教審答申（1999年）や国立教育政策研究所（2002）の調査研究報告書において，進路指導ではなくてキャリア教育が必要といわれるさいには，「新規学卒者のフリーター志向が広がり」などと，あたかも新規学卒者が正規雇用を望んでいない「フリ

ーター志向」であるとか,若者に職業観や勤労観が形成されていないというように,もっぱら子ども・若者の未熟さが問題とされてきた。はたしてそうだろうか。

この点で,当時話題になっていた**ニート**問題にふれておこう。「ニート」(NEET) は若者の失業問題を長年抱えるイギリスで生まれた言葉で,"Not in Education, Employment, or Training" を略した言葉である。直訳すれば「学校を卒業後,教育をうけず,働いておらず,職業訓練にも従事していない者」のことをさす。

厚生労働省の定義によれば,ニートとは,非労働力人口——働いていない,すぐに働ける状態にない,具体的な求職行動をしていない人——のうち,①15歳から34歳,②家事・通学をしていない人,③学校卒業者,④未婚に該当する人をさす。厚生労働省が総務省の労働力調査をもとにはじめて推計したところ,2003年は52万人と集計されている。仕事はしていないが,就業意志があり,求職活動をしている者を失業者と呼び,失業者は労働力人口に算入されるのだが,失業者はニートから省かれている。そのためニートには失業しているにもかかわらず求職活動をしていない意欲のない者という印象が与えられている。

たとえば2003年9月に『労働経済白書』で若年無業者についての試算が発表されたとき,52万人の無業者を「働く意欲のない若者」と見出しにつけた新聞があったし,『白書』のなかでも,若年層の厳しい雇用情勢の背景の1つに,若年者の側の「就労意欲の欠如」を指摘する声があると紹介している。そのため,日本社会では,ニートは怠惰,甘え,親のスネかじりなどと認識されることになる。

しかし,**玄田有史**が次に述べているように,ニートと呼ばれる若者は,働くことを軽視しているのでもなければ,無職の現状に気楽

に甘んじているわけでもない。

> ニートは不透明で閉塞した状況のなか，働くことの意味をむしろ過剰なほど考えこんでいる。ニートが象徴するのは，個性や専門性が強調される時代に翻弄され，働く自分に希望がもてなくなり，立ち止まってしまった若者の姿だ。　　　　　　　　　　　　（玄田，2004）

「働く意欲のない若者」という若者の見方はその後も継承されている。以下で述べるように，若者の雇用環境が大きく劣化するなかで，中教審答申（2011年）は，「産業構造や就業構造の変化，職業に関する教育に対する社会の認識，子ども・若者の変化等，社会全体を通じた構造的問題が存在」すると指摘し，完全失業率約9％，非正規雇用率約32％，無業者約63万人，早期離職高卒4割，大卒3割。短大等卒4割という数字を挙げ，「学校から社会・職業への移行」が円滑に行われていないというように，「学校から社会・職業への移行」が円滑に行われていないのは構造的な問題だと指摘したかと思うと，コミュニケーション能力等職業人としての基本的能力の低下，職業意識・職業観の未熟さ，進路意識・目的意識が希薄な進学者の増加を挙げて，「問題は，若者の職業意識」であるとか，就労意欲の欠如だというのである（中央教育審議会，2011）。

非正規雇用の広がり

「働く意欲のない若者」のことを問題視する前に，雇用環境が大きく劣化したことを問題にしなければならない。端的にいえば，正規雇用が解体され，これまで正社員が担ってきた仕事を，パート・アルバイト，派遣社員，業務請負など**非正規雇用**の労働者に担わせるようになったこと，少数になった正社員に過度の負担がかかるようになったこと，労働

法制の「改正」にともない労働者の権利が切り下げられてきたこと，ブラック企業という言葉が市民権を得たように，労働現場での人権侵害が横行していることから目をそらしてはいけない。

とりわけ正規雇用の解体は深刻である。この方向性を確固たるものとしたのが，1995年に日本経営者団体連盟（以下，「日経連」）が発表した「**新時代の『日本的経営』**」である（詳細は *Column*⑨参照）。このなかで，年功序列制と終身雇用制をやめて，労働者を，①長期蓄積能力活用型——企業経営の頭脳集団（エリート），②高度専門能力活用型——その時々に必要な専門的労働者集団（スペシャリスト），③雇用柔軟型——そのときどきに必要な下働き集団（パート），へと再編する制度が提案された。このうち正社員は長期蓄積能力活用型のみで，高度専門能力活用型や雇用柔軟型は非正規労働者である（日本経営者団体連盟，1995）。

経営者・企業はこの「新時代の『日本的経営』」を指針として，正規雇用の解体を開始した。そして，2002年には全世代平均の失業率が5.4％で過去最高となった。若者の失業率を見てみると，15～19歳では12.8％（前年比0.6ポイント増），20～24歳では9.3％（同0.3ポイント増），25～29歳では7.1％（同0.4ポイント増）というように，若者の失業率が圧倒的に高い（『青少年白書』2003年）。

厚生労働省『就業構造基本調査』（2002年）でも，15～24歳の全就業者中に占めるパート・アルバイトの割合は39％。ここから大学生，専門学校生，高校生などを除いた就業者中に占めるパート・アルバイトの割合は24％である。つまり，25歳以下では，学校に行っている者を除いて，労働者の4人に1人は非正規労働者だった。また，たとえ正規に雇用されたとしても，就職後3年で離職する割合が中卒で7割，高卒で5割，大卒で3割であり，「7・5・3現象」

と呼ばれた。

　世紀の転換期あたりには、すでに学校を卒業すれば必ず就職できるという時代は終わりつつあったのである。それまでは、学校の試験でいい点数をとって、偏差値の高い高校や大学に進学し、給料の高い会社に入って、年齢に応じて昇進し、結婚し、幸せな家庭を営み、定年退職後、豊かな老後を送るというのが**標準的ライフコース**として定着していた。実際にはこのコースを歩むことのできた人のほうが、そうではない人よりも圧倒的に少数なのだが、「標準的ライフコース」が概ね1990年頃までは人生のモデルとして通用していたので、学校での進路指導は、このコースの中心を歩ませるか、周辺を歩ませるかを選別すればよかったのである。しかし1990年代半ばから、正社員として就職させる就職斡旋やそれを見とおした進学先の振り分けとしての進路指導は通じなくなっていたのである。キャリア教育が提唱されるのはこの頃からである。

4　働くことを権利として学ぶ

権利としての
キャリア教育の構想

　このように、キャリア教育は、産業界が求める新しい働き方・生き方に適応できるように、学校の教育課程を「職業的（進路）発達にかかわる諸能力」と望ましい職業観・勤労観の育成を柱に組み立て直す視点であった。これにたいして、企業が求める人材になるためのキャリア教育ではなくて、働く者の権利を身につけ行使できる力を育てる**権利としてのキャリア教育**という構想がある。すべての労働者には、自らのキャリア設計の主体になり、職業をとおし

て自己実現する権利としての**キャリア権**があり，個々の労働者がキャリア権を行使できる主体になるためのキャリア教育が必要だという考え方である。権利としてのキャリア教育のカリキュラム試案として，次のような構想がある（児美川，2007）。

Ⅰ．労働についての学習——①労働の本質について，②現代社会における労働の実態について，③労働における技術の役割について

Ⅱ．職業についての学習——①現代社会における職業の実態について，②働き方について，③働く場について

Ⅲ．労働者の権利についての学習

Ⅳ．自己の生き方を設計し，わがものとするための学習——①生き方・働き方の探究，②家族，地域コミュニティ，現代社会についての理解，③具体的な進路について

Ⅴ．シティズンシップ教育

Ⅵ．専門的な知識や技術の基礎の獲得

この構想は，働くことに関する教育を，市民性や主権者の形成と結びつけ（Ⅴ），教養としての労働概念を獲得させることを基礎において（Ⅰ），現代社会における職業の実態の理解を図る（Ⅱ）とともに，労働者の権利を身につけさせ（Ⅲ），働くための知識や技術を習得させ（Ⅵ），これらを通じて，自己の生き方を設計できるようにして，具体的に市民性や主権者としての力を身につけさせる（Ⅳ）という構造で設計していると理解できる。

働く者の権利の学習

先に述べたように，非正規雇用の広がり，雇用の自己責任をはじめとして，労働者の諸権利が縮小されるだけではなく，生存する権利すら脅かされてい

る現実をふまえるならば,「権利としてのキャリア教育」という構想のなかで, もっとも重視したいのは, 労働者の権利についての学習である。中教審答申 (2011年) も, 若者がかかわる困難を若者個人のみの問題ではなく, 社会を構成する各界が互いに役割を認識し, 一体となって対応することが必要であり, 学校教育はその一翼を担って, キャリア教育・職業教育を充実させなければならないとし,「経済・社会の仕組みや労働者としての権利・義務等についての理解の促進」が必要としているように, 労働法の学習がもっとも重視されるべきであろう。

労働者の権利の学習にいち早く取り組んだのが, 大阪の中学校教師新谷威である。新谷は, アルバイトをしていると遭遇する可能性の高い事例をとりあげてクイズ風のワークシートをつくって学習を進めている。構成は, ①働く者を守る意外なルール, ②労働時間と残業手当, ③過労死を生む職場の実態, ④有給休暇について, ⑤不当解雇にどう対処するか, の5つのテーマからなる (新谷ほか, 2005)。法律は子どもたちにとって遠いものと受け取られがちだが, 中学生たちは, 法律は日常の生活や労働のなかで使えるものであること, 自分たちを守るために必要なものであることを学んでいる。

働くことをとおして世の中を学ぶ

働く権利の学習を個人の権利としてではなく, 労働観や生き方, 社会のあり方にまで広げようと試みたのが三重の中学校教師川辺一弘である (川辺, 2009)。川辺は, かつて生徒が「フリーターで働き続けた場合と正社員として働き続けた場合とでは, 生涯賃金に1億円以上の差がある。だから, 僕は正社員になるように勉強をがんばって大学に進学したい」と発表したことを受けて, 働くことの

学びが「非正規雇用にならないためにがんばれ」というメッセージになるのは問題だとし、働くことの学習を、「権利の教育とリアルな労働現場の実態にも目を向けて、権利意識と連帯のイメージを持って、働くことと向き合っていけるような学習」として構想する。

「働く」を中心において概念図を書かせると、半数の子どもたちが、「仕事がなくなる」の次のブランチに「人生終わり」「ホームレス」「野宿」などと書く。仕事や収入にかかわる部分では「派遣」「パート」「アルバイト」など非正規雇用にふれたものが多い。川辺は働くことにかかわる中学生たちの問題意識のなかに雇用問題があることに気づき、働くことができないとはどういうことか、失業したらどうなるのか、生活保護、ホームレスなどを学習課題としていく。この学習は次のようなステップで進められた。①就職差別──働く入り口での差別、②労働条件と人権──長時間、低賃金、不安定雇用、失業したらどうなるの？、③ホームレスについてのアンケート、④働くことができない、仕事がない──ホームレスってどんなこと、⑤野宿者支援ネットワークの生田武志さんの話を聴く、⑥野宿者襲撃を考える、⑦働くことの学習のまとめ。

ホームレス問題の学びでは、川辺が実際に取材した釜ヶ崎（現在のあいりん地区）の様子を紹介し、釜ヶ崎でホームレス支援活動に取り組む生田武志さんの話を聴いて、空き缶拾いのような労働をせざるをえないこと、襲撃事件が後を絶たないこと、ホームレスの人はなまけものではなく、仕事をしているときもがんばっていたし、仕事がないときでも仕事を求めてがんばっている人たちであること、にもかかわらず一晩で1000円程度の収入にしかならないことなどを知り、ホームレスへの見方が変わっていく。

また、同じ中学生たちがホームレスを襲撃するのはなぜかという

問いを立て，過剰な期待に応えられないで失敗することへの恐れ，失敗した自分への絶望などの自己否定感が，自分たちのなかにある学習へのプレッシャーや落ちこぼれることへの恐れなどと重なっていることを明らかにしている。同時に，そのプレッシャーを吐き出したり相談したりするなかで，ホームレスや非正規雇用にならないために，他人はさておき自分だけはがんばって勉強して安定した仕事に就くという未来像とは異なる未来像に向けて，協同で学び合い支え合う関係，仲間の言動や生活背景を共感的にとらえていく関係を学級のなかにつくりだしている。

働く人びとを学ぶ

働くことについて小学生はどう学ぶのだろうか。愛知の小学校教師丹下加代子の実践を見てみよう（丹下，2011）。

丹下は，自動車工場の見学の後，気がついたことを発表させながら，子どもたちが休憩時間についてふれたところで，労働時間を取り上げる。2005年の総務省の『労働力調査』に掲載されている週当たり労働時間を年代別に表したグラフを見せて，わかったことを聞いていく。ちなみにこのグラフからわかるのは，週当たり労働時間が長い順に，30～34歳は45時間，20～25歳は44.5時間，35～39歳は44.1時間，40～44歳は43.1時間である。

「君たちのお父さん，お母さんは，何歳くらいですか」という丹下の問いにたいし，子どもたちはこのグラフを手がかりに一番働いている年代が自分たちの親の世代であることを発見する。自分の親と同じ世代の人たちがもっとも労働時間が長いことに気がついた子どもたちは，父親の猛烈社員ぶりを直視したり，休日にごろごろしている父親を共感的に受けとめ始める。

また同じ調査で，パート労働者数と正規労働者数の比率を調べる。正規が 69.1% にたいしてパートは 30.9%。男女比では，男性労働者のなかでのパート比率が 15.8% にたいし，女性の場合は 51.2%。さらには男性約 33 万円，女性約 23 万円という男女の賃金格差（月額）も明らかにされ，雇用と労働におけるジェンダー問題の討論が始まる。

＊

　このように見てくると，働くことにかかわる学びは，経済界が求める人材になるため，雇ってもらうために必要な能力や態度を身につけること，実態が不明な「のぞましい」勤労観・職業観を身につけることではなく，今労働者がどのように働いているか，生活しているかを具体的に知ることから始めて，働く者の権利と，それを自分一人のためにではなく，働く人たちで集団的・協同的に行使する方法を学び，働く者が大切にされ主人公になる社会を構想していくことである。

Column⑨　非正規雇用はなぜ広がったのか

　「標準的ライフコース」は，入社すれば定年まで雇用が保障される終身雇用制度と，ほぼ入社順に昇進していく年功序列制度に支えられていた。ところが，これらを見直さざるをえない事態が次々に出来する。

　1973 年と 78 年の「オイルショック」によって先進資本主義諸国の経済は低成長時代にはいった。日本企業は賃金を抑えて安い商品を国際市場に出すことで低成長をのりきったが，プラザ合意（1985 年）による円高体制への移行は，輸出中心の日本の産業構造や雇用システムに大きな変更を迫った。たとえば 1 ドルが 100 円から 80 円へと円高になったとしよう。輸出業者にとっては，これまで 1 ドル 100 円で売れていた商品が 80 円にしかならなくなる。その逆に，輸入業者に

とっては，1ドルにたいして100円払っていた商品を80円で手に入れることができる。そのため，大企業は工場を海外に移転し，「逆輸入」で利益をあげようとして，多国籍企業化し始めた。こうして国内の正規雇用労働者が解雇される。

さらに，鉄鋼，機械，造船，自動車などの重化学工業や製造業からサービス産業中心への産業構造転換によっても，高度な専門能力（個性）や新しいアイデアを発想できる創造性やマネジメント能力をもった人材だけを正規雇用とする一方で，これらの能力を必要としない職種の労働者の非正規化が進められた。

1995年に日本経営者団体連盟（日経連）が発表した「新時代の『日本的経営』」はこの非正規標準化の方向性を確固たるものとした。終身雇用制度と年功序列制度のもとでは，創造的で個性的な仕事をしなくても，上司の命令にしたがって仕事をしていれば大過なく定年を迎えることができるし，たいていの場合，入社順，学歴順に昇進する。そのため，創造的な仕事，個性的な仕事をして他人よりも出世して上にいこうという意欲や競争が生まれない。そこで，日経連は労働者間の競争を激しくさせ，創造的で個性的な仕事をさせるために，年功序列制と終身雇用制をやめて，労働者を，①長期蓄積能力活用型，②高度専門能力活用型，③雇用柔軟型へと再編する制度を提案したのである（日本経営者団体連盟，1995）。

非正規雇用の広がりは，労働者の雇用にかかわる企業責任を縮小し，雇用を労働者自身の自己責任に転換させた。「労働力の流動化が進む時代にあって社内教育を企業の社会的責任に限定してとらえることには無理がある」（経済同友会，1997）というように，新規学卒一斉採用の後，社内教育で仕事を覚えさせて，一人前の社員に育てていくのではなくて，即戦力を採用する。採用されたければ自分の力でエンプロイヤビリティ（被雇用能力，雇用可能性，雇用されうる能力）を身につけなければならない。そればかりか，その能力が使えなくなってくると解雇される。解雇されないためには自分の力で最先端の能力を身につけていかなければならない。こうした雇用における自己責任の広がりも見逃すことができない。

引用文献

川辺一弘（2009）「ホームレス問題を学ぶ」『生活指導』667 号（2009 年 6 月号）。
経済同友会（1997）『雇用システム改革に向けた企業行動指針——市場メカニズムを通じた活性化への途』経済同友会。
玄田有史（2004）「働けない若者と共生を」『朝日新聞』2004 年 10 月 8 日。
国立教育政策研究所（2002）「児童生徒の職業観・勤労観を育む教育の推進について」（調査研究報告書）。
児美川孝一郎（2007）『権利としてのキャリア教育』明石書店。
新谷威・笹山尚人・前澤檀（2005）『中学・高校「働くルール」の学習——子どもたちにこれだけは教えたい』きょういくネット。
丹下加代子（2011）「学びが人をのびやかにさせる」『生活指導』691 号（2011 年 6 月号）。
中央教育審議会（1999）「初等中等教育と高等教育との接続の改善ついて（答申）」。
中央教育審議会（2011）「今後の学校におけるキャリア教育・職業教育の在り方について（答申）」。
日本経営者団体連盟（1995）『新時代の「日本的経営」——挑戦すべき方向とその具体策』（新・日本的経営システム等研究プロジェクト報告書）。
日本経営者団体連盟（1999）『エンプロイヤビリティの確立をめざして——「従業員自律・企業支援型」の人材育成を』（日経連教育特別委員会・エンプロイヤビリティ検討委員会報告）。
三村隆男（2004）『キャリア教育入門——その理論と実践のために』実業之日本社。
文部省（1993）『新しい学力観に立つ教育課程の創造と展開——小学校教育課程一般指導資料』東洋館出版社。
山本敏郎（2000）『教育改革と 21 世紀の学校イメージ』いしかわ県民教育文化センター。
臨時教育審議会（1986）『教育改革に関する第二次答申』大蔵省印刷局。
渡辺三枝子（2000）「小・中・高を一貫する進路指導の構造化」仙崎武編『キャリア教育読本』教育開発研究所。

第12章 学校づくりと生活指導

First Question
① 子どもが表明した意見や見解に、学校はどのように応答することが求められるのだろうか。
② 今子どもたちは、学校の管理・経営業務にあたかもそれが当たり前のように従事している。子どもたちが学校の管理・経営業務に携わることに意味はあるのだろうか。
③ 保護者が学校づくりに参加するために必要なことは何だろうか。

1 学校づくりとは何か

> 子ども・教職員・
> 保護者の権利としての
> 学校づくり

学校づくりとは，子どもにとって学びがいがあり，通うのが楽しいと感じられる学校を，子ども・教職員・保護者・地域が協同してつくっていくことである。そのさい，第1に，どういう学校にしたいかという議論が子ども・教職員・保護者・地域の人びとの間で行われ，第2に，そのためにはどういう**教育課程**を編成し，どういう教育活動を展開しなければならないかが研究され，第3に，こうした教育計画を推進するために，子ども・教職員・保護者・地域の人びとが権利として**参加**できる学校運営システムが構築されなければならない。

この「権利としての参加」がどのように保障され，行使されているかが学校づくりの成否を決める。後で述べるように，校長が求めるまま学校の管理・経営に一方的に協力する「協力としての参加」ではなく，どういう学校にしたいかについて子どもが意見を表明する権利が認められ，教職員や保護者と協議しながら，子どもたちの声がとりいれられていくような，まさに子どもたちが主人公となる学校づくりが求められているのである。

「権利としての参加」は保護者にとっても重要なコンセプトである。学校に任せっきりにするのでも，学校に「クレーム」をつけるだけでもなく，またたんに学校という施設の利用者としてではなく，保護者の教育権の一環として，教師と手を携えて，ともに教育する側に立って学校づくりを進めることが，保護者にとっての「権利と

しての参加」である。教職員にとっても，子どもの**生活現実**に即して学校独自の教育課程を編成するという専門性を発揮し，働きがいのある職場をつくっていく営みである。

本章では，権利としての学校づくりが戦後教育の出発点においてどう構想されていたか，その後教育政策において学校づくりはどう進められてきたかを概観し，今日における学校づくりの課題について典型的な実践をもとに考えてみる。

> 権利としての学校づくりへの出発——戦後初期の学校づくりの理念

子ども，教職員，保護者，地域が協同して学校づくりを進めていくというのが戦後教育の出発理念でもあった。戦後教育にかかわる新しい方針を示した文部省「新教育指針」(1946年) には，次のように書かれている。

> 学校の経営において，校長や二，三の職員のひとりぎめで事をはこばないこと，すべての職員がこれに参加して，自由に十分に意見を述べ協議した上で事をきめること，そして全職員がこの共同の決定にしたがい，各々の受けもつべき責任を進んで果たすこと——これが民主的なやり方である。　　　　　　　　　　（文部省，1982，160頁）

この3年後文部省学校教育局が発行した『新制中学校・新制高等学校　望ましい運営の指針』(1949年) にも，学校の教育方針をたてるには，「校長も教師も生徒もその土地の人びともこれに参加することが必要である」とか，「学校の管理は，校長・教師・事務職員・生徒・校舎管理係および一般の人を含む学校と地方とのすべての人の協力によってなされるべきものである」と書かれている（文部学校教育局，1949）。**学校経営**は全教職員が責任をもち，全教職員

の討議・決定で進めること，教育方針づくりには生徒も地域の人びとも参加すること，それが「民主的なやり方」であり，そうであってこそ，子どもたちは**民主主義**を学ぶことができると考えられていた。

こうした時代的な背景のもとで，自治的で民主的な学校づくりが生まれる。たとえば東京・四谷第六小学校における**石橋勝治**の実践である。石橋は父母や地域に開かれた学校と学校内部における**自治**的で民主的な学校運営を学校づくりの柱にすえ，教職員の互選による5名の教師，校長，校務主任からなる運営委員会をつくり，これに父母代表10名や子どもの組織を加えた三者による学校委員会を組織し，学校運営の民主化に努めたのである。そしてそれは同時に，子ども集団を自治集団へと組織することをとおして，子どもたちに生活を見つめさせ，これを切り開いていく力を育てる教育実践でもあった（石橋，1972）。

2 学校の管理・経営における校長権限の強化

学校の管理・経営における校長の指揮監督権

「新教育指針」（1946年）や「新制中学校・新制高等学校 望ましい運営の指針」（1949年）に書かれていた文部省の考えはあくまでも理念であって，実際にはこの理念に従って学校経営が進められたわけではない。

1956年の地方教育行政の組織及び運営に関する法律（地方教育行政法）にもとづいて学校管理規則が制定され，校長は学校の管理・経営の責任者として，教職員に職務命令を発したり指揮監督する職

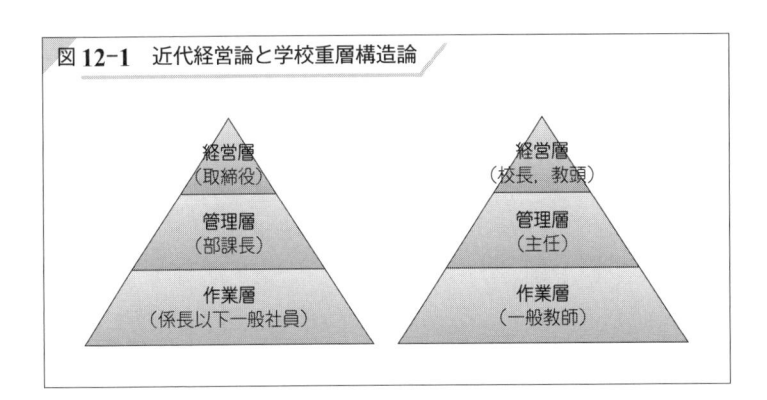

図12-1　近代経営論と学校重層構造論

経営層（取締役）／管理層（部課長）／作業層（係長以下一般社員）

経営層（校長，教頭）／管理層（主任）／作業層（一般教師）

責を負う上司とされた。また校長と教職員との間には公法上の特別な「包括的な支配−被支配関係」，すなわち，公権力（校長）は法律に拠らずに教員の人権を制限したり，命令することができ，教職員は校長に絶対的に従う義務があるとする「特別権力関係」があるとされた。さらに，「職員は，その職務を遂行するに当つて，……上司の職務上の命令に忠実に従わなければならない」という地方公務員法32条の規定にも拠りながら，教職員は校長の「全面的包括的な指揮監督権」に服従しなければならないとされた（広瀬，1986）。

1960年代になると，昇進のさいに出身学校，卒業年次，身分を重視するというような校長による恣意的な学校経営を改めようと，伊藤和衛がテイラーの科学的管理法を学校経営に取り入れて，学校経営の合理化を進めた。伊藤は，学校内には企業組織と同じように［経営層−管理層−作業層］という重層構造があり，校長が経営層，主任が管理層，一般教員が作業層に該当するという**学校重層構造論**を主張した（伊藤，1963）。

> 施設利用者としての子ども

校長と保護者や子どもとの間にも**特別権力関係**があり、子どもや保護者は校長に絶対的に従う義務があるとする議論もあった。特別権力関係論は行政法上は否定されているにもかかわらず、特別権力関係論と一体となった**営造物利用者論**を根拠に、子どもや保護者もまた学校の管理・経営に参加する権利はなく、以下で述べるように、子どもや保護者は校長の指導や要請の範囲内で学校の管理・経営に協力すべきものとされてきた。文部省の文書には「協力参加」や「参加協力」という用語もあることから、冒頭に述べた「権利としての参加」と区別して、校長の指導や要請にもとづき学校の管理・経営に協力することを「**協力としての参加**」と呼ぶこととする。

営造物利用者論に従えば、子どもや保護者は、学校という公の営造物（施設）の利用者にすぎない。利用者とは、施設管理者との契約のもとで、ある時間からある時間までの間に限って、施設および事業体が提供するサービスの利用を認められた者であり、学校にとっては外部者である。外部者ならば学校の管理・経営業務に携わる必要はないはずだが、子どもたちは学校掃除をはじめ多くの学校の管理・経営業務に携わっている。

> 学校経営への子どもの協力参加

このことは、子どもたちが、学校から強制的に学校の管理・経営に「協力参加」させられてきたことを示している。文部省初等中等教育局は次のようにいう。

> 生徒参加の組織は、生徒が自治すべき「権利を持つ」という概念

を基礎としてたてられるべきではない。……。
「生徒自治」という言葉は，誤解と誤用の心配があるゆえ，決して用いるべきではなく，生徒の学校の問題への参加という言葉の方がよい。　　　　　　　　　（文部省初等中等教育局，1949，283頁，284頁）

　このように，文部省は子どもたちの「権利としての自治」を認めずに「学校経営の実際の仕事に参加協力」することを求めてきた。子どもの参加は自治権の行使としての「権利としての参加」ではなく，学校経営への一方的な「協力としての参加」と考えられてきたのである。

　さらに，1951年改訂の学習指導要領では，小学校に教科以外の活動，中学校に特別教育活動という領域が新設され，子どもたちの自主的な活動が奨励される一方で，以下のとおり，学校経営への子どもの「協力参加」がすすめられた。

> 児童会は，全校の児童によって選挙された代表児童をもって組織されるものであって，代表児童はこの組織を通じて，全児童に代って発言し，行動し，学校生活のよい建設に協力参加することを目的とするものである。

　名称についての記述からも，文部省は，自治や「権利としての参加」を避けようとしたことがわかる。児童会をわざわざ「従来自治会といわれていたもの」と特記した上で，以下のように，自治という用語を使わないように指示している。

> ここにいう児童会という名まえは，学校によっていろいろ呼ばれているが，多くの場合自治会と呼ばれている。しかし自治会というときには学校長の権限から離れて独自の権限があるかのように誤解

> されるおそれがあるからこのことばはさける方がよい。

　また，**児童会**の権限や組織形態については，「児童会は，学校長より任された権限の範囲内で，学校経営の実際の仕事に参加協力する」と述べて，児童会が自治組織であることを否定し，「学校長より任された権限の範囲内」で学校経営に加わる参加協力組織であることを明記している。

　児童会や**生徒会**が子どもたちの自治組織であることを決定的に否定したのが，1989年版の学習指導要領である。そこでは児童会活動は，代表委員会，各種委員会活動，集会活動等にわけられ，児童会役員不要論も説かれている。実際に，児童会執行部選挙をやめた学校も少なくない。

　従来の児童会執行部（図12-2）が，各種委員会と横並びの代表委員会や運営委員会（図12-3）になったため，児童会としての統一的な意思決定過程をリードしたり，決定を具体化して執行する機関がなくなっている。しかも，各種委員会や専門委員会ごとに顧問教師が指導する体制となったため，各種委員会は児童会の委員会というよりも，顧問教師の指揮・監督・統制を通じて学校の管理・経営に協力する委員会になっている。学校重層構造論と接続すると，作業層の下のいわば「下請層」として，顧問教師の指揮・命令のもと，学校経営に一方的に協力させられているといってよいだろう。

　このように，子どもたちは学校づくりの主体ではなく，学校の管理・経営への「協力としての参加」を調達され，教師の指揮・監督・統制の客体としてしか扱われていない。

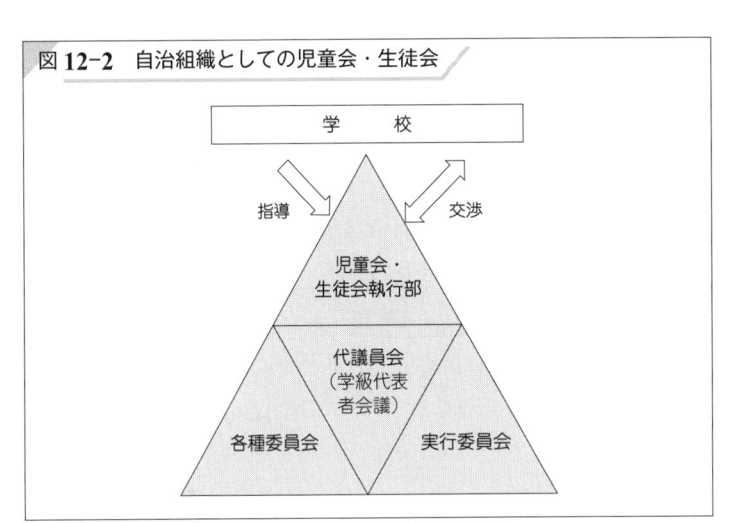

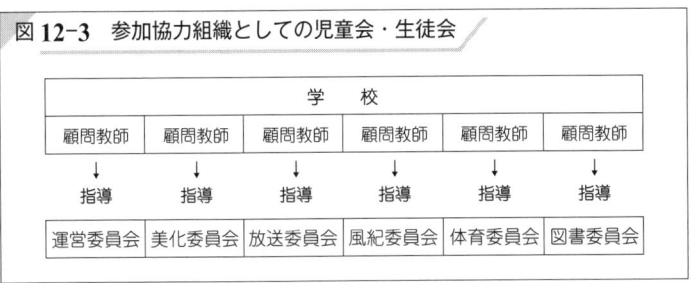

図 12-2 自治組織としての児童会・生徒会

```
                    学    校
                   ↙      ↘
              指導            交渉
                  児童会・
                 生徒会執行部
                   代議員会
                  (学級代表
                   者会議)
             各種委員会  実行委員会
```

図 12-3 参加協力組織としての児童会・生徒会

学 校					
顧問教師	顧問教師	顧問教師	顧問教師	顧問教師	顧問教師
↓	↓	↓	↓	↓	↓
指導	指導	指導	指導	指導	指導
運営委員会	美化委員会	放送委員会	風紀委員会	体育委員会	図書委員会

3 学校づくり政策の現在

消費者ニーズ対応型学校

1990年代の教育改革のなかで,学校と保護者の関係は,学校が保護者を啓蒙し,教化し,叱責し,注意する関係から,学校が保護者の消費者ニーズにどれだけ応えることができるかという関係

に変わってきた。その大きな契機となったのは、学校選択制や学区自由化である。そして保護者や子どもがどの学校に行けばいいのか容易に選択できるように、「特色ある学校づくり」が推進された。

これにより、学校はその特色を「商品」として陳列し、保護者や子どもがショーケースから好みの学校を「購入」するという関係になった。学力向上、いじめのない学校、「問題児」や「問題家庭」の排除、指導力のない教員の排除等々、消費者の欲求は際限がない。教育サービス（商品）の供給者である学校は、消費者である保護者や子どものニーズにあわせて、サービスを提供しなくてはならない。学校には、不登校をゼロにする、いじめをゼロにする、学力を平均5点上げる、○○校へ△人合格させるなど経営と教育に関する数値目標とその達成計画の策定、およびその自己評価と外部評価が求められるようになった。またその方針や結果については消費者である保護者に説明しなければならない。

さらに、学校は**消費者ニーズ**に対応するために、いっそう経営を効率化しようとする。1990年代以降、管理職のリーダーシップが強化されるにともない、校長をサポートするために、副校長や主幹教員が置かれ管理層が強化された。職員会議が廃止されて主任会議で基本方針をつくる学校も増えた。職員会議がある場合でも、職員会議は学校経営方針を決定する機関ではなく、校長による学校経営の補助機関として扱われている。

また、保護者の要望に的確に応じるためだという理由で、評価補助簿、成績報告票、通知表の所見欄を詳細に記載させるなど教員の仕事は膨大に増えている。そしてそういうシステムに適応できない教員は指導力不足、不適格教員という烙印を押される。保護者の消費者ニーズならナンデモアリ。保護者の消費者ニーズは教員管理の

道具となっている。

**地域との連携
——学校評議員,
学校運営協議会**

保護者の消費者ニーズに対応するというのであれば、保護者の学校経営への参加が期待されるのだが、実際はどうなのだろうか。

1998年の**中央教育審議会**（以下,「中教審」）答申にもとづいて学校教育法施行規則が改正され（2000年4月1日施行）、学校には**学校評議員**を置くことができるようになった。これにかかわる通知文書（「学校教育法施行規則等の一部を改正する省令の施行について（通知）」（2000年1月21日）によると、学校評議員を置く理由は、地域に開かれた学校づくりをいっそう推進していくため、保護者や地域住民等の意向を把握・反映し、その協力を得るとともに、学校運営の状況等を周知するなど、学校としての説明責任を果たしていくためだとされている。

さらに、2004年の中教審答申は、地域運営学校とその協議組織である**学校運営協議会**の設置を提案した。協議会の任務は「校長を中心とした具体的な学校運営の支援」にあり、協議会のメンバーは「保護者、地域住民のほか、教育委員会が適当と考える者」とされている。名称は異なるが、学校評議会と同じような趣旨である。

学校が地域住民の意向を把握したり、ニーズに応えるのは大事なことなのだが、学校評議員や学校運営協議会では、保護者や地域住民は（学校づくりの）パートナーにはなりえない。

その理由は第1に、学校評議員や学校運営協議会は校長による学校運営に協力する組織にすぎず、学校運営方針を共同で討議したり決定したりする組織ではないからである。

第2に、学校評議員や学校運営協議会のメンバーとなった保護者

や地域住民は，当該学区の保護者や地域住民のニーズを代表できないからである。すでに，家族形態，就労形態等によって学校の行事やPTAの会議に出席できる層とそうでない層は固定化しており，保護者の活動は前者を中心に進められることが多い。さらに「問題のない家庭」と「問題のある家庭」との間に境界線を引き，後者を排斥するような関係性がある。

こういう状況では，学校評議員や学校運営協議会は保護者の声を代表することはできない。市場における消費者が，サービスの内容に「クレーム」をつけるだけで，供給者側に一切の責任を負わせようとするのと同じく，消費者としての保護者は，わが子が快適に学校で生活でき，成績が上がるように学校は力をつくしているかどうかを点検し，できていないと「クレーム」をつける。その一方で，学校はこれを「モンスターペアレント」などと称して，学校づくりから排除しようとする。こうした関係性を放置していては，保護者の学校づくりへの「権利としての参加」は期待できない。

学校づくりを共同で担うパートナー

消費者ニーズ対応型学校では，学校が保護者を啓蒙や管理の対象としていた時代と比べれば，保護者が学校に異議申し立てをできるようになった点では前進だということができるだろう。しかし，保護者を消費者にしてしまっては，保護者は学びがいのある学校をつくるための知恵と力を出そうとはしない。保護者のもっている力を発揮する機会がないので，「クレーム」をつけるしかやりようがない。

大事なのは，保護者を学校づくりを共同で担うパートナーにすることである。そのためには，教師は保護者の子育てについての思い

をじっくり聴くことができなければならない。また、懇談会、通信、PTA などをとおして、子どもたちの学校や家庭での生活、学習、進路、部活、クラブ活動のことなど、保護者が共通してもっている関心事を手がかりに、子どもたちのことを一緒に考えていく取り組みが必要になる。保護者が意見を言ったり、アイデアを出し、それを教職員が引き受けて実現するというのではなく、一緒に汗を流す関係が大事である。その点に**消費者主義**的な参加と民主主義的な参加の分岐点がある。参加は問題を共有すること（共同）と自ら行動すること（責任）とをともなうものである。

4 学校づくりへの子どもの参加

自治をとおしての参加

「権利としての参加」の根拠として重要なのが、日本も批准している**子どもの権利条約** 12 条の「**意見表明権**」である。「締約国は、自己の見解をまとめる力のある子どもに対して、その子どもに影響を与えるすべての事柄について自由に自己の見解を表明する権利を保障する。その際、子どもの見解が、その年齢および成熟に従い、正当に重視される」とある。学校においても、「子どもに影響を与えるすべての事柄について自由に自己の見解を表明する権利」が子どもたちに認められなければならない。意見を表明された側の管理者は、意見を聴けばよいというのではなく、「正当に重視される」とあるように、表明された意見に対しては、正当な方法で応答しなければならない。

この意見表明権は子どもたち一人ひとりに与えられた権利であるから、子どもたちの意見が聴き取られることは、これらがまったく

無視されることに比べればはるかに意義深いことであるが，一人ひとりに与えられただけだと，子どもたちは自分の意見が取り入れられたかどうかだけに関心をもつようになりかねない。意見表明権が個人の権利，**自由権**に還元されていくと，意見表明をできない子どもの権利は無視される可能性もある。

したがって，意見表明権を自らの成長にとって適切な措置を学校に求める共同の権利である**社会権**ととらえ直す必要がある。すなわち，学級集団，クラブ，児童会・生徒会等での討議をとおして，学校生活にかかわる要求を子どもたち自ら決定し，決定した要求をもとに学校と協議するのである。自分たちの要求を自ら決定し，要求の実現に向けて集団としての組織的な取り組みを自ら指導・管理するという自治活動によって，子どもたちは**社会的実践主体**となることができるからである。その意味で，学校づくりはもっともダイナミックな生活指導実践ということもできる。このように意見表明権が自治活動のなかで組織的に行使されるとき，「権利としての参加」は命を吹き込まれるのである。

また，1947年版教育基本法8条が「良識ある公民たるに必要な政治的教養は，教育上これを尊重しなければならない」と謳っているように，自治能力は政治的能力として獲得されることが期待された能力でもある。だからこそ自治活動や自治集団の組織方法は教師によって指導されなければならない生活指導の教育内容でもあり，教師にとっても教科内容にかかわる知識や技能と並ぶ専門的力量である。

> 子どもの必要と要求で
> つくられる児童会

児童会を,学校の管理・経営への参加協力組織としてではなく,子どもの自治組織として育て,学校の管理・経営への「権利としての参加」を形にしている実践もある。

北海道幕別町の札内北小学校では,子どもたちの参加で「子どもが主人公の学校」につくりかえようとした取り組みが1999年度に教職員で議論され,2000年度から本格化する(澤田ほか,2006)。何を話し合うために集められたのかわからない児童集会,学校がつくった種目・ルール通りに動けるように練習した上で「立派」に開催される運動会,やりたいことを要求するのではなく,いちいち担任に許可を求める学級活動というように,学校で行われている活動は子どもたちにとってはやらされている感覚しかもてないものである。

そこで,札内北小学校では,「意見表明権」を「決定権」ととらえ直し,児童総会を最高議決機関と位置づけ,子どもにかかわる活動はすべて児童総会で決定するシステムに改めるとともに,児童会の専門委員会であるにもかかわらず,「教職員の校務分掌からスタートし,教職員の仕事の下請的組織」となっていた専門委員会のあり方を見直していった。「下請的組織」では,「楽しくなく,苦痛の場,仕事の場」でしかない,「子ども自身が,自分たちの学校を楽しくしよう,よくしようという意識のもと必要な組織を作り上げていくことが重要」であるとして,専門委員会を廃止し日常活動班を編成する。

日常活動班をどのように編成するのか,どのような活動をするのか,人数や学年構成なども児童総会で決定される。2000年度は,体育館のきまり,イベント,図書,放送,特捜,学校の約束・整頓,クラブ,クリーン作戦・ボランティア,飼育の9つの活動班でスタ

ートしたが，日常活動班はこの9つの活動に固定されるのではなく，子どもたちの発議・発案で新しくつくられたり，廃止されたり，必要に応じて合体したりする。その意味では，日常活動班とは，子どもたちの必要と要求にしたがって，児童会のなかに設けられた学校管理活動や文化活動にかかわる**プロジェクトチーム**といってよいだろう。

5 学校づくりへの保護者の参加

保護者の参加から
始まる学校再生

　北海道稚内市立稚内南中学校といえば「南中ソーラン」で有名であるが，その背景には以下に述べるような学校づくりの取り組みがある。北海道の宗谷管区では1970年代の半ば以降，主任制問題を契機として教育合意運動と呼ばれる教育運動が展開されていた。合意の範囲は，父母，住民，教職員，教職員組合，校長会，教頭会，教育委員会等にまで及び，思想，信条，教育観を超えて手を結ぶ努力が模索された。なかでも，中心になったのは，「教育荒廃をなくし民主的学校づくりをめざす」ための教職員と父母の間での「合意の砦」を，すべて学校や地域につくりだすことであった。それ以来，宗谷管区では，「合意書」をもとに，父母や住民と教職員との間での合意に従って学校が運営されていた。

　非行や荒れに見舞われるなか，1985年に赴任した横山幸一校長は，「すべての父母に『生徒指導協力員』としての来校をお願いする」という方針を職員会議とPTA三役会議に提案する。その具体的な内容は，次のようなものであった。

> お願いの趣旨
> 一．生徒の実態をよく見ていただきたい
> 一．意見や要望を出していただきたい
> 一．授業を抜け出した子どもの指導を
> 一．地域での生徒の指導の協力を
> ※学校は，みずからの実践の反省をするとともに，今悩んでいる子どもたちのために父母の皆様の全面的な協力をお願い致します。

　この呼びかけに呼応して，2週の間に学校を訪れた保護者は565人（76.7%）に上った。これと並行して，すべての学年でPTA総会が開かれ，「PTA活動の4本柱（①学年・学級PTA，②常任委員会，③地区別PTA，④クラブ父母の会）」が確認される。

　これらは「学校主導型のPTA活動ではなく，子どもがよく見える，子ども中心型のPTA活動への脱却の宣言」であり，「教師たちよりも学校の実態を見た親たちの方が鋭かった」（横山・坂本，1990）と述べられていたように，圧倒的多数の父母たちの学校参加によって学校再生や学校づくりが始まったのである。

　PTA活動の4本柱のなかにある地区別PTAを取り上げてみる。地区別PTAは，地域ぐるみの子育ての場として，生徒会の校外班にあわせて15地区に組織され，教師は必ず地区別PTAの1つを学校の代表として担当し，地域で行われる春と秋の廃品回収，冬の雪像づくり，新入生歓迎会などの生徒会校外班の行事を援助する。また，地区別PTAを拠点として地域住民は要望や意見を学校に出すこともできる。さらに，地区別PTAでは「お茶の間懇談会」も開かれ，父母，地域住民と教師が子育てについて気楽に，語り合い，相談し合っていた。こうした活動を通じて父母同士，父母・住民，教職員間の信頼関係が強められ，教師たちは地域から信頼される教

師になり,稚内南中の教育課程や教育活動が地域で支持されるようになったのである。

教職員,子ども,保護者による三者自治

教職員,子ども,保護者・地域の三者自治という形で保護者の学校づくりへの参加を試みてきたのが,長野県立辰野(たつの)高校の三者自治である(宮下,2004)。

1992年,高校の評判が低下し,入学定員を減らしてもなお出願倍率が低いという状況のなか,廃校の危機を感じた教師たちが,辰野中学校とそのPTAにアンケートを実施し辰野高校のイメージを尋ねたことから,学校づくりは始まった。アンケート結果は,「長ラン,短ラン」など服装に対する批判,辰野高校の教育内容や実践がどういうものかわからない,地元唯一の学校という自覚と努力があるのかなど,辛辣な指摘が多かった。

1994年には,高校の教職員代表と,町長,教育委員長,教育長,町議会文教委員長,商工会長,地元区長などとの懇談会が開かれた。3年続けて開かれたが,いわゆる地元の名士や同窓生から,昔の辰野高校はよかったとか,野球部に力を入れて甲子園をめざせとか,進学率を上げろというような注文が出るだけで,学校づくりの力にはならなかった。

ところが,1997年に,懇談会の開催方法を大きく変え,学校・PTA・同窓会の共催で,地域住民にも案内し参加してもらい辰高フォーラムを開くと,様子が大きく変わる。フォーラムでもこれまでと同じように「注文」は出るのだが,生徒が目の前にいるため,言葉遣いも丁寧になり,生徒が納得できるように語らざるをえなくなる。茶髪も当然問題視されるのだが,ボランティアセンターのコ

ーディネーターから JRC クラブの生徒が来るのをお年寄りが楽しみにしている，生徒たちの成長を見ると，茶髪で人間を判断できないという発言も出る。日常的に生徒たちと接しているからこその発言である。

　辰高フォーラムにおいて，子どもと直接接することなく，学校や生徒を批評していただけの地域が，学校とともに生徒を育てる教育の当事者の立場に立ったのである。保護者や住民が学校づくりに参加するには，保護者や住民が，学校経営の協力者や消費者としてではなくて，教師たちと共同で子どもたちにかかわる教育主体になることが必要なのである。

　このあと，「辰野高校の学校づくり宣言」の制定に向けて，生徒会，PTA，職員会の代表による**三者協議会**が発足する。「辰野高校の学校づくり宣言」を起草する討議のなかで，生徒側からは，提案された目標が三者の目標ではなく，生徒の目標にしかなっておらず，教職員や保護者は何を努力するのか明確ではないという批判とともに，授業改善要求，指定靴などの校則改善要求が出てくる。教師たちはもちろん丁寧に応答していくのだが，三者自治においては，生徒たちが被教育者としてでも消費者としてでもなく，学校づくりの共同の担い手として位置づけられていることがわかる。そしてそうすることが，保護者にはもちろん，教師にたいしても自分たちが，教育に直接責任を負うべき主体であるという自覚を促すのである。

Column ⑩　学校における管理・経営過程と教育・発達過程

　学校には，教科の授業，総合的な学習の時間，特別活動などのように，子どもの成長や発達を計画的に図っていく教育・発達過程と，教材・教具の購入，学級編制，時間割の作成，物品の購入，建物の維持，

行事の企画・運営やこれらにかかわる会議、委員会、校務分掌（教務、研究、児童会……〇〇主任）のように、教育活動を合理的・効率的にすすめるための管理・経営過程がある。学校づくりとは管理・経営過程に子どもたちが権利として参加することをいう。ただし、施設の管理、備品の購入・管理、施錠・開錠、金銭管理、会計など子どもにやらせるわけにはいかない活動もある。子どもたちが学校経営に参加するのなら、子どもたちにもこれらの管理業務を担当させるべきだという意見もあるが、これらは、身体的・精神的に子どもたちが従事できる活動ではなく、教職員固有の仕事である。子どもたちが学校の管理・経営過程に参加するのは、子どもたちに固有の学習権や発達権の実現のためであって、学校管理に協力するためではないからである。

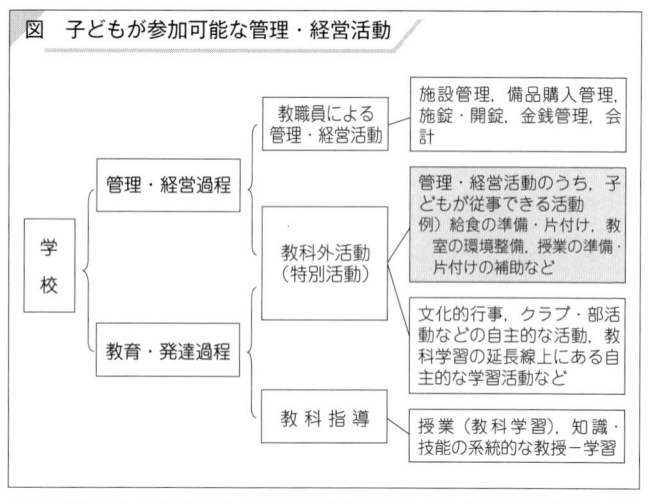

図　子どもが参加可能な管理・経営活動

学校
- 管理・経営過程
  - 教職員による管理・経営活動：施設管理、備品購入管理、施錠・開錠、金銭管理、会計
  - 教科外活動（特別活動）：管理・経営活動のうち、子どもが従事できる活動　例）給食の準備・片付け、教室の環境整備、授業の準備・片付けの補助など
- 教育・発達過程
  - （教科外活動／特別活動）：文化的行事、クラブ・部活動などの自主的な活動、教科学習の延長線上にある自主的な学習活動など
  - 教科指導：授業（教科学習）、知識・技能の系統的な教授−学習

引用文献

石橋勝治（1972）『戦前戦後を貫く民主教育実践の足跡』日本標準。
伊藤和衛（1963）『学校経営の近代化入門――経営合理化の理論と実際』明治図書。
澤田治夫ほか編（2006）『子どもとともに創る学校――子どもの権利条約の風を北

海道・十勝から』日本評論社。
中央教育審議会（1998）「今後の地方教育行政の在り方について（答申）」。
中央教育審議会（2004）「今後の学校の管理運営の在り方について（答申）」。
広瀬隆雄（1986）「学校管理・経営論の展開と課題――1960年代前後の動向を中心として」『東京大学教育行政学研究室紀要』5号（1986年7月号）。
宮下与兵衛（2004）『学校を変える生徒たち――三者協議会が根づく長野県辰野高校』かもがわ出版。
文部科学省（2000）「学校教育法施行規則等の一部を改正する省令の施行について（通知）」。
文部省（1982）「新教育指針」戦後日本教育史料集成編集委員会編『戦後日本教育史料集成』第1巻，三一書房。
文部省学校教育局（1949）『新制中学校新制高等学校――望ましい運営の指針』教育問題調査所。
文部省初等中等教育局編（1949）『中学校・高等学校の生徒指導』日本教育振興会。
横山幸一・坂本光男（1990）『親が変われば子は伸びる』明治図書。

巻末資料：図A　戦前の生活指導の系譜

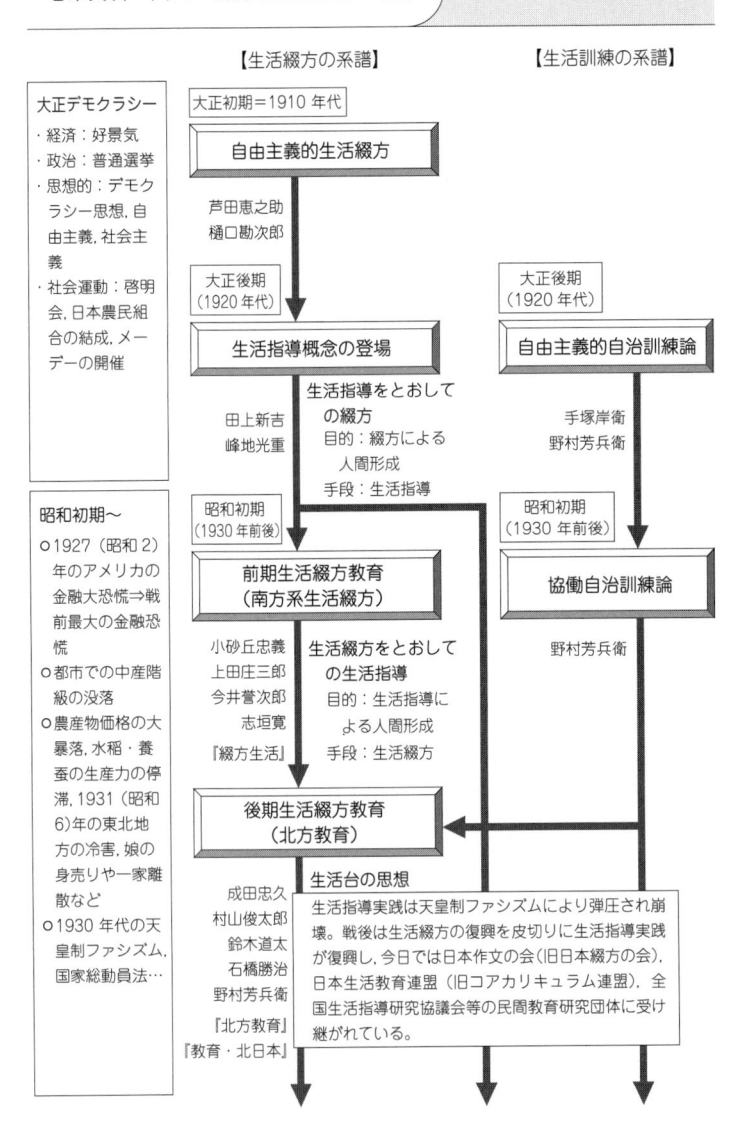

【生活綴方の系譜】　　　　　【生活訓練の系譜】

大正デモクラシー
- 経済：好景気
- 政治：普通選挙
- 思想的：デモクラシー思想，自由主義，社会主義
- 社会運動：啓明会，日本農民組合の結成，メーデーの開催

大正初期＝1910年代

自由主義的生活綴方

芦田恵之助
樋口勘次郎

大正後期（1920年代）

生活指導概念の登場

田上新吉
峰地光重

生活指導をとおしての綴方
目的：綴方による人間形成
手段：生活指導

大正後期（1920年代）

自由主義的自治訓練論

手塚岸衛
野村芳兵衛

昭和初期～
○ 1927（昭和2）年のアメリカの金融大恐慌⇒戦前最大の金融恐慌
○ 都市での中産階級の没落
○ 農産物価格の大暴落，水稲・養蚕の生産力の停滞，1931（昭和6）年の東北地方の冷害，娘の身売りや一家離散など
○ 1930年代の天皇制ファシズム，国家総動員法…

昭和初期（1930年前後）

前期生活綴方教育（南方系生活綴方）

小砂丘忠義
上田庄三郎
今井誉次郎
志垣寛
『綴方生活』

生活綴方をとおしての生活指導
目的：生活指導による人間形成
手段：生活綴方

昭和初期（1930年前後）

協働自治訓練論

野村芳兵衛

後期生活綴方教育（北方教育）

成田忠久
村山俊太郎
鈴木道太
石橋勝治
野村芳兵衛
『北方教育』
『教育・北日本』

生活台の思想

生活指導実践は天皇制ファシズムにより弾圧され崩壊。戦後は生活綴方の復興を皮切りに生活指導実践が復興し，今日では日本作文の会（旧日本綴方の会），日本生活教育連盟（旧コアカリキュラム連盟），全国生活指導研究協議会等の民間教育研究団体に受け継がれている。

巻末資料：図B　戦後生活指導の四類型

終戦／戦後民主教育の開始

戦後新教育の見直し

1950年頃〜

生 活 綴 方
生活認識／
学級づくり（仲間づくり）

無着成恭『山びこ学校』1951
小西健二郎『学級革命』1955
戸田唯巳『学級という仲間』
　1956
東井義雄『村を育てる学力』
　1957

1960年頃〜

集団づくり
学級集団づくり／
子ども集団づくり

1955年〜
戦後民主主義の「逆コース」
60年安保闘争，勤務評定闘争，任命制教育委員会，学習指導要領法的拘束力，道徳の時間の特設

大西忠治『核のいる学級』1963
全生研『学級集団づくり入門』
　1963
全生研『学級集団づくり入門
　第2版』1971
全生研『新版 学級集団づくり入
　門 小学校編』1990
全生研『新版 学級集団づくり入
　門 中学校編』1991
全生研『子ども集団づくり入門』
　2005

1970年代後半〜
非行・問題行動，校内暴力

1980年代後半〜
不登校，新しい「荒れ」

2000年〜
格差・貧困

1940年代後半〜50年代前半

ガイダンス理論

文部省『児童の理解と指導』
文部省『中学校・高等学校
　の生徒指導』1949

1965年頃〜

生 徒 指 導

文部省『生徒指導の手びき』
　1965
文部省『生徒指導の手引』
　改訂版，1981
文部省『児童の理解と指導』
　1982
文部科学省『生徒指導提要』
　2010

学習文献案内──さらに学びたい人のために

さらに学びたい人にお薦めの文献を，1 生活指導の基礎理論，2 貧困・福祉と生活指導，3 現代社会と子ども，4 実践記録，5 著作集，6 雑誌の6つのカテゴリに分けて紹介します。
(※1〜4では，一部を除いて本文中で紹介したものは除いています)

1 生活指導の基礎理論

1) 浅野誠『転換期の生活指導──続・学校を変える学級を変える』青木書店，1996年。
2) 臼井嘉一監修『戦後日本の教育実践──戦後教育史像の再構築をめざして』三恵社，2013年。
3) 折出健二『人間的自立の教育実践学』創風社，2007年。
4) 川合章『近代日本教育方法史』青木書店，1985年。
5) 教育科学研究会編『講座 教育実践と教育学の再生1 子どもの生活世界と子ども理解』かもがわ出版，2013年。
6) 共同研究グループ編『生活指導を変える』青木書店，1994年。
7) 全生研常任委員会『学級集団づくり入門 第2版』明治図書，1971年。
8) 全生研常任委員会編『新版 学級集団づくり入門 小学校編』明治図書，1990年。
9) 全生研常任委員会編『新版 学級集団づくり入門 中学校編』明治図書，1991年。
10) 全生研常任委員会著『子ども集団づくり入門──学級・学校が変わる』明治図書，2005年。
11) 道幸哲也『教室で学ぶワークルール』旬報社，2012年。
12) 中内敏夫『生活訓練論第一歩〔〔付〕教育学概論草稿〕』日本標準，2008年。
13) 日本作文の会編『子どもの人間的発達と生活綴方』本の泉社，2011年。
14) 日本生活指導学会編／竹内常一編集代表『生活指導事典──生活指導・対人援助に関わる人のために』エイデル研究所，2010年。

2 貧困・福祉と生活指導

1) 青木紀『現代日本の貧困観――「見えない貧困」を可視化する』明石書店,2010 年。
2) 笹沼弘志『ホームレスと自立／排除――路上に〈幸福を夢見る権利〉はあるか』大月書店,2008 年。
3) 高垣忠一郎『生きることと自己肯定感』新日本出版社,2004 年。
4) 田中康雄編『発達障害は生きづらさをつくりだすのか――現場からの報告と実践のための提言』金子書房,2011 年。
5) 中塚久美子『貧困のなかでおとなになる』かもがわ出版,2012 年。
6) 山野則子・峯本耕治編『スクールソーシャルワークの可能性――学校と福祉の協働・大阪からの発信』ミネルヴァ書房,2007 年。
7) 山本耕平『ともに生きともに育つひきこもり支援――協同的関係性とソーシャルワーク』かもがわ出版,2013 年。
8) 湯浅誠『どんとこい,貧困!』イースト・プレス,2011 年。

3 現代社会と子ども

1) 小熊英二『社会を変えるには』講談社現代新書,2012 年。
2) 清眞人『創造の生へ――小さいけれど別な空間を創る』はるか書房,2007 年。
3) 後藤道夫『反「構造改革」』青木書店,2002 年。
4) 渋谷望『ミドルクラスを問いなおす――格差社会の盲点』日本放送出版協会,2010 年。
5) 白井利明編／上里一郎監修『迷走する若者のアイデンティティ――フリーター,パラサイト・シングル,ニート,ひきこもり』ゆまに書房,2005 年。
6) 徳永俊明『「生活」とは何か――豊かさへの視点,そして幸福への道すじ』合同フォレスト,2014 年。
7) 中西新太郎『〈生きにくさ〉の根はどこにあるのか――格差社会と若者のいま』NPO前夜,2007 年。
8) 二宮厚美『新自由主義からの脱出――グローバル化のなかの新自由主義VS.新福祉国家』新日本出版社,2012 年。
9) 浜田寿美男『子ども学序説――変わる子ども,変わらぬ子ども』岩波書店,2009 年。
10) 渡辺治『憲法 9 条と 25 条・その力と可能性』かもがわ出版,2009 年。

4 実践記録

1) 生田武志・北村年子／ホームレス問題の授業づくり全国ネット編『子どもに「ホームレス」をどう伝えるか——いじめ・襲撃をなくすために』太郎次郎社エディタス，2013年．
2) 金森俊朗『いのちの教科書——学校と家庭で育てたい生きる基礎力』角川書店，2003年．
3) 塩崎義明編『スマホ時代の学級づくり』学事出版，2012年．
4) 生活綴方・恵那の子編集委員会編『明日に向かって——丹羽徳子の生活綴方教育』（上・下巻）草土文化，1982年．
5) 全国進路指導研究会編『働くことを学ぶ——職場体験・キャリア教育』明石書店，2006年．
6) 全国生活指導研究協議会編『"競争と抑圧"の教室を変える——子どもと共に生きる教師』明治図書，2007年．
7) 全生研常任委員会編『学びと自治の最前線——「総合的な学習の時間」を問う』大月書店，2000年．
8) 全生研常任委員会編『暴力をこえる——教室の無秩序とどう向き合うか』大月書店，2001年．
9) 滝田よしひろ文／「みんなで跳んだ」編集委員会編『みんなで跳んだ——城北中学2年1組の記録（バリアフリー・ブック）』小学館，2001年（角川つばさ文庫，2010年）．
10) 竹内常一・佐藤洋作編『教育と福祉の出会うところ——子ども・若者としあわせをひらく』山吹書店，2012年．
11) 湯浅恭正編／大和久勝監修／里中広美ほか執筆『困っている子と集団づくり——発達障害と特別支援教育』クリエイツかもがわ，2008年．

5 著作集

1) 小川太郎『小川太郎教育学著作集』（全6巻）青木書店，1979-1980年．
2) 城丸章夫『城丸章夫著作集』（全10巻＋別巻）青木書店，1993年．
3) 竹内常一『教育のしごと』（全5巻）青木書店，1995年．
4) 宮坂哲文『宮坂哲文著作集』（全3巻）明治図書，1968年．

6 雑誌

1) 教育科学研究会編『教育』かもがわ出版．
   ・1951年11月国土社より復刊（794号，2012年3月まで）．

・795 号（2012 年 4 月）より現在。
2) 全国高校生活指導研究協議会編『高校生活指導』教育実務センター。
   ・1962 年 11 月全国高校生活指導研究協議会編『後期中等教育をすべての者に』を創刊（41 号，1971 年 5 月まで）。
   ・1971 年 1 月明治図書より『高校生活指導』創刊（120 号，1994 年 4 月まで）。
   ・青木書店刊（193 号，2012 年 6 月まで）を経て，194 号（2012 年 8 月）より現在。
3) 全国生活指導研究協議会編『生活指導』高文研。
   ・1959 年 5 月明治図書より創刊（700 号，2012 年 3 月まで）。
   ・701 号（2012 年 4・5 月）より現在。
4) 日本作文の会編『作文と教育』本の泉社。
   ・1950 年 11 月双龍社より日本綴方の会編『作文研究』として創刊。
   ・『作文：先生と生徒』5 号（1951 年 5 月双龍社）を経て，日本作文の会編『作文と教育』6 号（1952 年 2 月）から 751 号（2009 年 3 月）までは百合出版。
   ・752 号（2009 年 4 月）より現在。
5) 日本生活教育連盟編『生活教育』生活ジャーナル。
   ・1949 年 1 月誠文堂新光社よりコア・カリキュラム連盟『カリキュラム』として創刊。
   ・1960 年 1 月日本生活教育連盟編『生活教育』と改題。
   ・日本標準，草土文化，民衆社，星林社刊を経て 665 号（2004 年 4 月）より現在。
6) 日本生活指導学会編『生活指導研究』日本生活指導学会。
   ・1984 年明治図書より創刊（8 号，1991 年まで）。
   ・大空社刊（15 号，1998 年まで），エイデル研究所刊（29 号，2012 年まで）を経て，30 号（2013 年）より現在。

事項索引

● あ 行

『赤い鳥』 30
遊 び 180
委員会 175
生きづらさ 17, 44, 112
異議申し立て 83
池袋児童の村小学校 34
意見表明（権） 78, 83, 247
異質性（異質な存在） 119, 139
　——の排除 120
いじめ 12, 104, 132, 136
　——加害 134
　——の早期対応 135
　——の未然防止 135
　——の四層構造 140
　——の連鎖 137
居場所の問題（居場所の喪失） 113, 127, 135, 179
意味の組み換え 210
インクルーシブな社会 154
ウォーノック報告書 153, 167
営造物利用者論 240
OECD生徒の学習到達度調査 → PISA
応 答 18, 101, 106, 209

● か 行

階層化・序列化 120
ガイダンス 4, 48
加害（者） 134, 140
科学的管理法 239
科学の認識 199
科学の世界 200
係活動 175
核 178

　——づくり 56, 178
学 習 180, 196
学習権宣言 87
学習指導 8
学 級 172
　——のルール 176
『学級革命』 54
学級集団づくり 60, 178
『学級集団づくり入門 第2版』 58
学級総会 187
学級地図 177
学級づくり（仲間づくり） 4, 48, 54
学級内クラブ 175
学級崩壊 194
学 校 172
　——の管理・経営（過程） 172, 238, 254
　——の教育・発達過程 253
学校運営協議会 245
学校空間の問題 113, 122
学校経営 237
学校重層構造論 239
学校づくり 236
学校適応過剰 13
学校評議員 245
活 動 175
　——方針 189
関係（性） 119, 177, 208
　——の組み換え 210
　——の構築 119
関 与 196
管 理 28, 172
　——主義教育 6, 29
北日本国語教育連盟 38
機能概念 5, 7

263

基本的信頼感　71
虐　待　104
キャリア教育　216, 222
　　権利としての――　227
キャリア権　228
Q・Uテスト　190
教育課程　6, 220, 236
『教育・北日本』　38, 39
教育内容のポリティクス　211
教育の世紀社　34
教科外領域　4, 6, 29, 197
教科指導　9
教科領域　5, 29, 197
共感（的理解）　96, 104
協　議　36
教材化　206
教　師　56
　　――の生きづらさ　125
　　――の権力（暴力性）　57, 106, 125, 162
競　争　73
　　――的価値観　134
　　――による教育　122
　　学力――　122
　　能力主義――　73
　　忠誠――　73, 122
共通課題　24
協働自治（協同自治）　35
共同性・集団性の解体　119
記録・測定　49
勤労観　217, 222
グループ　175
　　――の閉鎖性　178
　　公的――　178
　　私的――　176
　　仲良し――　175
　　ボランティア――　176
訓　育　10
　　授業における――　197

訓　練　28
経験主義　48
決　議　185
決　定　185, 248
　　共同――　165
　　自己――　157
　　民主的――　185
原　案　188
権利行使主体　81
権力関係　13, 155
権力性（暴力性）　57, 106, 125, 162
コア・カリキュラム運動　198
抗　議　36
校　長　240
公的争点　24
幸福追求権　23, 75, 82, 161, 174
個人主義　52
子ども（観）　14, 70, 159
　　――の貧困　114
　　――理解　95
子ども集団づくり　66, 176, 178
子どもの権利条約（児童の権利に関する条約）　77, 153, 247
子どもの権利に関するジュネーヴ宣言　77
個別化・個体化　119
コンフリクト　209

● さ 行

サラマンカ声明　153
参　加　196, 236
　　協力としての――　240
　　権利としての――　236
三者協議会　253
自己肯定感（自己否定感）　74, 117, 231
しごと　180
自尊心（自尊感情）　135, 137
　　他者の――　138

自　治　4, 33, 57, 191, 238
　——活動　248
　——訓練　33, 35
　——集団　4, 44, 59, 238
　——の単位集団　180
　権利としての——　241
　三者——　252
7・5・3現象　226
指導（指示）　79, 101
　——方針　99, 189
　毅然とした——　5, 63
　行為・行動の——　58
児童会　242
児童憲章　78
児童中心主義　32, 48
支配―被支配関係　139, 145, 177, 178, 239
自分くずし　86
市民性　228
社会化　60, 199
社会関係　200
社会権　24, 248
社会参加　115
社会的実践主体　11, 17, 35, 44, 160, 197, 248
社会的不平等　123
社会認識　201
社会問題　204
自　由　23
　精神的——　158
　積極的——　23
自由権　23, 75, 82, 174, 248
重層的傷つき　115
集　団　58
　——観　65
　——の構造　140
　——のちから　59, 67
　——の発展　161
　基礎——　180

自治——　4, 44, 59, 238
第1次——　179
民主的——　57, 179
集団づくり　4, 48, 55, 179
主権者　228
障害児教育　154
情勢分析　188
承認の問題　113, 121
消費者主義　247
消費者ニーズ　244
消費文化　118
職業観　217, 222
職業教育　222
「職業的発達にかかわる諸能力」　217
自　立　21, 23, 75
　——と依存　22
人格的自律権　75
新教育運動　→戦後新教育
「新教育指針」　237, 238
「新時代の『日本的経営』」　226, 233
「新制中学校・新制高等学校　望ましい運営の指針」　237, 238
身体（症状）　74, 103
進路指導　216, 222
スクールカースト　120
ストレッサー　134
生活基盤の問題　113
生活訓練　29, 32
生活現実　20, 40, 52, 121, 124, 144, 196, 237
生活指導　4, 28, 48
　——論争　5, 7
　学習法的——　29
　教科における——　7, 197
　訓練論的——　29
生活者　13, 33
生活台　39, 100
生活綴方（教育）　4, 29, 36, 53
生活綴方運動　198

事項索引　　265

生活統制　40
生活認識　201, 211
精神衛生　49
生存権　82
生存の問題（生存の危機）　113, 121, 127
生徒会　242
生徒指導　5, 48, 60
『生徒指導支援資料』　135
『生徒指導提要』　5, 60, 96
『生徒指導の手びき』　5, 60
世界人権宣言　77, 153
ゼロトレランス　5, 63, 88
全会一致　186
全国生活指導研究者協議会（全生研）　57
戦後新教育（新教育運動）　48, 198
選択的コミットメント　119
相対的貧困率　114
組織　185
存在要求　113, 121, 124

● た 行

多数決　185
探究活動　203
地域教育計画　198
地域住民　245
地方教育行政法　238
中央教育審議会（中教審）　216, 245
綴方科　30
綴方教育　36
『綴方生活』　36
出会い直し　207, 210
適応　12, 60, 123
　——主義　51
討議　178, 184, 248
　——づくり　58, 178
　——の指導　185
当事者　18, 125, 208

同質性（同質的な関係）　119, 139
　——の強化　120
道徳教育　48
当番活動　180
陶冶　10
討論　184
特別権力関係　240
特別支援教育　154
特別な教育的ニーズ　153, 167
特別なニーズ　153

● な 行

仲間づくり　→学級づくり
日常の世界　200
ニート　224
日本綴方の会　52
人間形成　30
『人間の壁』　67

● は 行

排除　120, 139, 154, 155
パターナリズム　157
発達課題　71
発達権　73, 82
発達要求　22, 113, 121, 124
班　175, 178
　——づくり　58
　——の独自活動　180
班・核・討議づくり　178
班長指導　183
被害者　140
　——へのケア　146
非行　12
PISA（OECD生徒の学習到達度調査）　195
非正規雇用　225, 233
PTA　246
　——三役会議　250
標準的ライフコース　227, 232

貧困　104
　子どもの――　114
フォロアー　184
複合的剥奪　115
不適応　12, 49, 60
不登校　12
暴力　12, 84, 104
　――概念　135
　――行為　136
　構造的――　144
　校内――　132
　個人的――　136
　垂直――　139
　水平――　139
保護　77
　――される権利　81
保護者　145, 147, 236, 243, 245, 251
　――の消費者ニーズ　243
ボス　54
北方教育　38
『北方教育』　38
北方教育社　38
ホームルーム　49

● ま　行

まなざしの地獄　118
学び　196
見られていないかもしれない不安　118

民主主義　28, 57, 76, 238
民主的統治能力　59, 65
みんなぼっち　120
もどり　202
問題行動　12, 75, 83, 97, 108, 114, 132, 159, 195
文部省（文部科学省）　5

● や　行

『山びこ学校』　53, 199
要求（ニーズ）　23, 66, 124, 208, 248
　――の主体　208
　――の発議　188
呼びかけ　18, 106, 209
弱さ　106, 161
　――への攻撃　138

● ら　行

リーダー　54, 145, 182
　――指導　178, 183
　民主的な――　182
リーダーシップ　182
領域概念　5, 6, 8
ルールづくり　163
　民主的な――　178
労働者の権利の学習　229

● わ　行

わたり　199

事項索引　267

人名索引

● あ 行

芦田恵之助　30
石橋勝治　238
伊藤和衛　239
今井誉次郎　37
岩川直樹　115
上田庄三郎　37
大西忠治　55
小川太郎　8

● か 行

ガルトゥンク（J. Galtung）　135
北原白秋　30
玄田有史　224
小西健二郎　54

● さ 行

小砂丘忠義　36
志垣寛　37
鈴木和夫　125, 202
鈴木正気　199
鈴木三重吉　30
鈴木道太　41

● た 行

高橋哲哉　18
竹内常一　196
谷本富　28
田上新吉　31

テイラー（F. W. Taylor）　239
手塚岸衛　32
デューイ（J. Dewey）　48
トラックスラー（A. E. Traxler）　49

● な 行

内藤朝雄　122, 142
成田忠久　38
野口援太郎　34
野村芳兵衛　33, 37

● は 行

樋口勘次郎　30
フレーベル（F. W. A. Fröbel）　70
ヘルバルト（J. F. Herbart）　28
ホッブズ（T. Hobbes）　76

● ま 行

マカレンコ（А. С. Макаренко）　14, 59
見田宗介　118
峰地光重　31
宮坂哲文　7, 49, 55
無着成恭　53, 199
村山俊太郎　38
森田洋司　140

● ら 行

ルソー（J.-J. Rousseau）　70

● 著者紹介

山本　敏郎（やまもと としろう）　日本福祉大学教育・心理学部教授

藤井　啓之（ふじい ひろゆき）　日本福祉大学教育・心理学部教授

高橋　英児（たかはし えいじ）　山梨大学大学院教育学研究科教授

福田　敦志（ふくだ あつし）　広島大学大学院人間社会科学研究科准教授

新しい時代の生活指導
Life Guidance in the New Era

ARMA　有斐閣アルマ

2014 年 11 月 30 日　初版第 1 刷発行
2023 年 6 月 15 日　初版第 4 刷発行

著　者	山　本　敏　郎
	藤　井　啓　之
	高　橋　英　児
	福　田　敦　志
発行者	江　草　貞　治
発行所	株式会社　有　斐　閣

郵便番号 101-0051
東京都千代田区神田神保町2-17
https://www.yuhikaku.co.jp/

印刷・精文堂印刷株式会社／製本・牧製本印刷株式会社
© 2014, T. Yamamoto, H. Fujii, E. Takahashi, A. Fukuda. Printed in Japan
落丁・乱丁本はお取替えいたします。

★定価はカバーに表示してあります。

ISBN 978-4-641-22034-8

JCOPY　本書の無断複写（コピー）は、著作権法上での例外を除き、禁じられています。複写される場合は、そのつど事前に（一社）出版者著作権管理機構（電話03-5244-5088, FAX03-5244-5089, e-mail:info@jcopy.or.jp）の許諾を得てください。